Вера Челищева

Как меня убивали

История юриста ЮКОСа Василия Алексаняна, воспоминания друзей, хроника издевательств, дневники

Москва 2020

Хулиган и лучший выпускник гарвардской школы права. Один из талантливейших корпоративных юристов и завсегдатай отделов милиции. Профессионал, но ни разу не карьерист. Ранимый и умевший причинять боль другим. Вспыльчивый и отходчивый. Резкий, жесткий максималист. Умевший любить и дружить, отдавать себя сполна, и никогда – наполовину. Человек без тормозов. И без берегов. К концу жизни прошедший через нечеловеческие испытания и ушедший в 39 лет...

«Как меня убивали. История юриста ЮКОСа Василия Алексаняна» – книга Веры Челищевой, судебного репортера «Новой газеты». Она написана как документальная хронология пыток (по месяцам и дням) и разбавлена воспоминаниями друзей Василия, их мыслями и чувствами.

Он всегда пытался доказать свою нужность. Доказал. Несмотря на короткую жизнь, успел уложиться в ней по полной. Поступал так, как считал правильным. Бить ли по морде, если в твоем присутствии кто-то оскорбил девушку (без разницы, твою, не твою)? Без вопросов, бить! Стоит ли вести переговоры с террористами от власти, захватившими твою компанию? Нет, конечно! Уезжать ли из страны, если знаешь, что со дня на день арестуют? Нет, надо биться до конца! Называть преступников в погонах преступниками? Сто процентов! Это – лишь часть незыблемых принципов Василия Алексаняна.

Вера Челищева
Как меня убивали. История юриста ЮКОСа Василия Алексаняна. 1-е изд. – М.: АНО РИД «Новая газета», 2020

Printed in Germany

ISBN 978-3-910741-09-6

Предисловие

Хулиган и лучший выпускник гарвардской школы права. Один из талантливейших корпоративных юристов и завсегдатай отделов милиции. Профессионал, но ни разу не карьерист. Ранимый и умевший причинять боль другим. Вспыльчивый и отходчивый. Резкий, жесткий максималист. Умевший любить и дружить, отдавать себя сполна, и никогда – наполовину. Не всегда разбирающийся, где правда, а где фальшь. Человек без тормозов. И без берегов. К концу жизни прошедший через нечеловеческие испытания…

Друзья называют его Вася. Самые близкие – Васька. А мир – не побоюсь этого слова, именно мир – знает его как Василия Алексаняна, главного юриста некогда существовавшей в России компании ЮКОС. Юриста, прошедшего через пытки в тюрьме и не дожившего до 40 лет.

***

Он всегда пытался доказать свою нужность. Доказал.

Несмотря на короткую жизнь, успел уложиться в ней по полной.

Поступал так, как считал правильным. Был самим собой. А еще сыном удивительного отца.

Бить ли по морде, если в твоем присутствии кто-то оскорбил девушку (без разницы, твою, не твою)? Без вопросов, бить! Стоит ли вести переговоры с террористами от власти, захватившими твою компанию? Нет, конечно! Уезжать ли из страны, если знаешь, что со дня на день арестуют? Нет, надо биться до конца! Называть преступников в погонах преступниками? Сто процентов!

Это – лишь часть незыблемых принципов Василия Алексаняна.

Алексанян до тюрьмы – огонь и боец. После – по-прежнему боец, но уже сильно раненный, прошедший через ад и поверивший в то, что там наверху кто-то действительно есть…

Зачем эта книга?

Чтобы не забывать. Потому что забвение – вещь опасная.

Я видела Алексаняна несколько раз. Вот холодным февральским утром 2008 года его ведут по коридору Симоновского суда – небритого, уставшего и ослабевшего человека в наручниках. Затем по лестнице автоматчики спускают его вниз, в конвойную, и, чтобы не встретился с другими посетителями даже взглядом, ставят лицом к стене…

У него уже к тому моменту была последняя стадия ВИЧ, онкология и букет других смертельных заболеваний. Но суд его не отпускал из-под стражи.

Я только-только пришла в судебную журналистику, и это был мой первый процесс. Я не знала, как писать репортажи с этого суда… Я не понимала, почему в XXI веке мое государство месяцами не дает лечиться человеку, у которого болезнь развивается с катастрофической скоростью. Мое государство отнимало у человека жизнь просто потому, что ждало (в лице следователей Каримова и Русановой) от него показаний на руководство ЮКОСа. А вся российская судебная система нашему государству в этом подыгрывала. Подыгрывала в убийстве.

Через год в тюрьме, так и не дождавшись медицинской помощи, умрет юрист Сергей Магнитский, тоже отказывавшийся давать показания на работодателей и пытавшийся остановить разграбление своей компании. Через два года умрет Василий Алексанян, его буквально выкинут умирать домой под огромный людоедский залог.

Но и после этого все последние годы люди умирают и умирают в СИЗО – от неоказания медицинской помощи, пыток и издевательств.

…В моей почте осталась наша недолгая переписка с Алексаняном, в которой он упоминал, кто именно стоял за его мучениями.

И как же так, спрашивала я себя все эти годы, вот просто так, никто никогда не понесет за это никакой ответственности?

В 2019 году я взялась за эту книгу. Она давалась сложно. Может, потому, что Василий сам был гиперсложный. А может, потому, что его замечательная и горячо любимая мною семья после долгих раздумий отказалась в ней участвовать. Причины отказа были разные, мы в конечном итоге друг друга не поняли. Но их выбор я приняла и по-прежнему безмерно уважаю.

В создании книги видели смысл друзья и коллеги Василия. И это подбадривало.

Я посвятила этой книге год своей жизни. Изучала копирующие друг друга решения судов о продлении стражи Алексаняну. «Алексанян может скрыться за границу», «Алексанян может воспрепятствовать следствию», «Алексанян может надавить на свидетелей» – каждые три месяца, на протяжении более двух лет московские суды писали одно и то же. И каждые три месяца отказывались отпустить его лечиться. В моей квартире и тут и там лежали стопки бумаг, разделенные по принципу: прочитанное и еще нет. А со стены на меня смотрел курящий Алексанян – фото, пересланное мне его другом Рудольфом Мхитаряном, я повесила над столом. И попутно изучала многостраничное постановление Европейского суда по правам человека по жалобе «Алексанян против Российской Федерации», в котором была подробная констатация факта: человека спланированно убивали в тюрьме.

Уверена: по кейсу Алексаняна будущим юристам стоит изучать историю отечественного права и то, во что оно превратилось из-за «дела ЮКОСа».

Как построена эта книга?

Как документальная хронология пыток. По месяцам и дням. Хронология разбавлена (чтобы не сойти с ума нам всем) воспоминаниями его друзей и коллег, их чувствами и мыслями, а иногда моими личными отступлениями.
В конце дается список заказчиков, организаторов и рядовых исполнителей, причастных к пыткам. Описана конкретная роль каждого. Если что, этот список, составленный мной еще в 2011 году и опубликованный в «Новой газете», есть в свободном доступе в интернете. Напраслины ни на кого не возводилось. Все правда. Ни одно из упоминавшихся в списке лиц ни разу за эти годы не пыталось его удалить из Сети, воспользовавшись законом «О забвении», или оспорить свое нахождение в нем через суд. Ну и, конечно, никто так и не понес ответственности за то, что произошло с Василием Алексаняном. Пока. Но это и не цель данной книги. Кстати, сам он не желал никому из своих мучителей зла, а просто хотел, чтобы они хоть минуту пожили в его шкуре и поняли, что такое невыносимая боль.

А я лично добиваюсь того, чтобы наше государство перестало убивать людей в тюрьме.

Благодарности

Моя сердечная признательность Рудольфу Мхитаряну, Армену Микаэляну, Дэвиду Годфри, Павлу Ивлеву, Антону Дрелю и Оксане Балаян – за человеческое участие, оперативную помощь, готовность консультировать всегда и во всем и предоставленные фотографии. Я очень благодарна Константину Ривкину, Михаилу Ходорковскому, Платону Лебедеву и Леониду Невзлину, которые также поделились воспоминаниями. Благодарю адвоката Елену Львову – за огромное доверие, помощь и согласие использовать в книге документы из ее большого архива по делу Василия. Отдельное спасибо и низкий поклон священнику Алексею Уминскому, академику, врачу Андрею Воробьеву, а также его сыну Павлу – за неоценимое содействие в подготовке этой книги. Благодарю главного редактора «Новой газеты» Дмитрия Муратова – за понимание, понимание и еще раз понимание. Говорю спасибо бывшему сотруднику правоохранительных органов Марине Андреевой – за то, что объяснила мне, что сидит в голове у таких следователей, как Русанова и Каримов. И, наконец, выражаю признательность редактору этой книги Юрию Сафронову.

Вера Челищева

Всем сотрудникам ЮКОСа, кто страдал, мучился и жертвовал собой, посвящается эта книга

Часть I.

Однажды он был

Меня не перестает мучить недожитая нами жизнь.
Я все не перестаю гадать, как бы она сложилась,
если бы ее не оборвали.

Надежда Мандельштам

Начало

Родители принесли домой апельсины. Продавались в те времена апельсины в сетке. Оба брата побежали за ножницами, чтобы распороть сетку. Несколько неловких движений... ножницы попали ему в глаз. Операции, операции, операции. Глаз спасут. Но изъян останется на всю жизнь и станет отличительной особенностью.

Спустя 30 лет в камере «Матросской Тишины», где Алексанян проведет почти два года, единственным его спутником, кроме крысы, с которой он успеет подружиться (во всяком случае, на лежак она не залезала), будет Библия. И хотя к тому времени у него катастрофически стало падать зрение (материалы дела ему оглашал адвокат), он все равно умудрялся Библию изучать. Зажмуривался, подносил близко-близко к глазам и читал.

Василий Алексанян родился 15 декабря 1971 года в Москве в интеллигентной семье, где были сплетены разные обычаи и нравы. Мама Надежда Васильевна, физик по образованию, отдала себя воспитанию троих сыновей (Василий был средним), отец Георгий Гарникович глубоко занимался карьерой, став в итоге доктором физико-математических наук, старшим научным сотрудником Института химической физики им. Н.Н. Семенова РАН и членом Академии наук Армении. Василий учился в московской школе на Юго-Западе. Серьезно увлекался карате и шахматами. Тренер во Дворце пионеров даже скажет Георгию Алексаняну, что из всех ребят шахматистом имеет шанс стать только его сын. У Василия к тому моменту уже первый разряд, и он играет на мастера. Отец вообще-то очень хотел, чтобы сын стал медиком. Да и Василия тоже эта сфера привлекала. Но в медицинский вуз его не возьмут – к окончанию школы зрение станет минус шесть. По той же причине не возьмут Алексаняна и в армию, куда он рвался. Служить хотел так, что пытался скрывать от всех ухудшающуюся ситуацию со зрением. Ведь у него уже был черный пояс по карате, он занимался у специалистов, которые тренировали спецназ.

Эта детская травма глаза предопределит его судьбу. Все взвесив, Алексанян выберет юридический факультет МГУ. На дневное отделение пройдет впритык из-за того, что один из вступительных экзаменов сдал не на «отлично». А когда узнает, что на одно с ним место претендует парень-афганец, уйдет на вечернее. Через год переведется на дневное, сдав все сессии на «отлично», досдав разницу в учебном плане и за неделю выучив латинский. «Он этим меня потряс», – говорил уже после смерти сына Георгий Алексанян.

Василий был одним из самых младших на курсе, намного моложе большинства, но уже тогда, по воспоминаниям однокурсников, он производил впечатление «страшно харизматичного, импульсивного и открытого парня, что притягивало к нему взгляды абсолютно всех».

«Стояли 1989–й-1990-й годы, – вспоминает друг, однокурсник и коллега Алексаняна по ЮКОСу Рудольф Мхитарян. – Я пришел на юрфак сразу из армии, после Афганистана. Жил в общежитии – нас, приезжих ребят из союзных республик, в том числе из Армении, было немало. И в общагу к нам часто заваливался с ящиком пива Вася Алексанян. Дорогое хорошее пиво – по тем временам для бедных студентов это было круто. Мы знали, что Васька сам из Москвы и поступил на юрфак сразу. На старших курсах уже стажировался в одной из крупных американских юридических фирм».

«Но совершенно неверно считать, что он жил на всем готовом, типа, выиграл в жизни лотерею, раз из Москвы, – замечает еще один его однокурсник и друг Армен Микаэлян, живший, как и Мхитарян, в общежитии. – Нет, Вася много учился, вечно куда-то стремился, над чем-то работал, добивался и вполне закономерно в итоге оказался там, где оказался, – на такой высоте в ЮКОСе».

Но до высоты еще лет 7–8. А пока юрфак. Курс Алексаняна насчитывал человек 300. Высокий, худощавый и яркий парень-армянин (в придачу он тогда еще носил и усы) сразу вызывал интерес, хотя армян на курсе было немало. Алексанян обращал на себя внимание кипучей активностью и способностью вливаться в любые компании.

«Он был полукровка, – говорит Армен Микаэлян. – Для некоторых это комплекс, и они стараются казаться больше русскими, чем есть, или, наоборот, больше армянами. Вася же ничем подобным не страдал. Он стремился познать обе культуры – армянскую и русскую. Всегда говорил, что у него родня и тут и там. Часто вспоминал свою бабушку-армянку, маму дяди Жоры, рассказывал о ней. Армянский фактор был для него важен. Мне кажется, единственное, из-за чего он комплексовал всю жизнь – это проблема с глазами. Это всегда его тяготило. Ношение очков он воспринимал как слабость, заменял их линзами. Помню, у него как-то выпала линза, он занервничал, стал быстро искать ее на полу. Очень переживал, что у него есть такой физический изъян. Хотя чего переживать? Кто-то носит очки, кто-то линзы, что в этом такого? Но Вася был очень амбициозный, ему хотелось быть идеальным».

Все его однокурсники-друзья, которых я опрашивала каждого по отдельности, не сговариваясь, отметили, что Алексанян в те годы был как клей, который всех склеивал, магнит, который притягивал к себе, объединял друг с другом и даже заставлял дружить совершенно, казалось бы, полярные компании и полярных людей. Как это ему удавалось, никто до сих пор так и не понял.

«Мы подружились с ним сразу, – говорит Мхитарян. – У нас было общее понимание, мировоззрение и главное – совпадали понятия дружбы. А дружить Вася умел. Благодаря ему у нас образовалась большая юрфаковская тусовка. Причем одна тусовка вмещала в себя совершенно разные компании. Вася умудрялся дружить со всеми компаниями сразу: и с той, где были Паша Ивлев, Оксана Балаян и Антон Дрель, и с той, где я и другие, и с теми компаниями, где нас не было. Вася пытался все эти компании вокруг себя сплотить, сдружить и объединить. У него получалось».

Антон Дрель и Оксана Балаян учились на курс старше, Павел Ивлев сначала учился с ними, потом ушел на год в армию и попал уже на курс младше – к Алексаняну, Мхитаряну, Микаэляну и Геворгу Дангяну. На «старших» Василий первое время смотрел снизу вверх. В Оксану Балаян, кажется, был тайно влюблен. Во всяком случае, трепетное отношение к ней (а Алексанян и трепетность вещи почти несовместимые) пронес через всю свою короткую жизнь. Она сама говорит мне сегодня, что они были как брат и сестра, хоть многие от них и ожидали, что они когда-нибудь поженятся.

«Плюс моих взаимоотношений с Васей в том, что мы были абсолютно открыты друг с другом и у нас остались такие чисто возвышенные отношения, – говорит Оксана. – Я очень любила, когда он приходил ко мне на день рождения, который у меня 1 января. Не каждый, согласитесь, придет к тебе в такой день. А Вася – человек, который прям первого числа уже стоял на пороге моего дома. Это было так круто – когда ты видишь, что этот человек сегодня для тебя. Помню, за год до его ареста он приехал 1-го числа и всю ночь проболтал с нами, особенно с моим папой. Почему-то очень запомнился этот день. У нас у обоих папы армянские, и это нас с Васей, конечно, еще сильнее сближало. Многие вещи он вообще обсуждал только с моим папой. И я потом от папы что-то узнавала, какие-то Васины секреты. Для меня он был как член семьи, который есть и будет всегда. Поэтому я не всегда детально интересовалась, как у него реально дела. А он меня, оказывается, от многого просто оберегал».

За исключением Балаян, многие из юрфаковской тусовки Алексаняна будут впоследствии работать в ЮКОСе и «Менатепе». Имена некоторых, включая его самого, окажутся затем в обвинительном заключении большого «дела ЮКОСа». И почти все из этой компании окажутся разбросаны по миру в силу все той же причины. Сегодня им всем под полтинник. Спустя почти 30 лет Алексанян до сих пор всех их связывает.

«Мы периодически встречаемся не в России – все вместе, со своими семьями, общаемся, вспоминаем его, – рассказывает Армен Микаэлян. – Думаем: «Что бы сейчас делал Вася?», «Что бы сейчас сказал Вася? Как отреагировал бы на те или иные события?», «А вот тому-то Вася дал бы точно по морде». Мы как-то умудрились пронести нашу дружбу на протяжении многих лет, пройдя через огонь, воду и медные трубы, связанные с ЮКОСом. Многое увидели. Но в конце концов все остались верны друг другу. Сформировавшийся тогда на юрфаке костяк не изменился. С нами нет только Васи, который сыграл для нас ключевую роль – объединяющую».

«Когда мы собираемся, я вижу, что никто из нас не молодеет, – добавляет Антон Дрель. – А вот Васю Алексаняна я не могу представить с сединой, с брюшком. Я его даже 50-летним не представляю. Он у меня всегда будет ассоциироваться с худым, высоким парнем с накачанными мышцами, которого я встретил в МГУ. Я его и запомнил таким».

Сын своего отца

Трехкомнатная квартира (по советским меркам большая – 70 или 80 метров) на Юго-Западе Москвы на улице 26 Бакинских Комиссаров почти каждый вечер была набита студентами юридических вузов столицы – однокурсниками, однокашниками и друзьями Алексаняна. В этой «трешке» он жил с родителями и двумя братьями. Родителей – интеллигентов, докторов наук – количество гостей (а их подчас набивалось человек 20 голодных и шумных) никогда не смущало. Алексаняны были по-армянски хлебосольны, открыты и априори считали друзей своих сыновей своими друзьями тоже. Да и друзья приходили не столько к Васе, сколько к его отцу – лидеру застолий и великолепному рассказчику – дяде Жоре. Его все звали именно так, а не по имени отчеству Георгий Гарникович.

«Дядя Жора был душой нашей компании. Мы были студенты, а он – Васин папа, но водку мы пили все дружно под активным руководством дяди Жоры, – говорит Павел Ивлев. – Дядя Жора был такой молодой, человечный, красивый... Мы его обожали».

«Когда мы приходили к Васе, – добавляет Антон Дрель, – не было никакого разделения: типа, мы дети, студенты, сами по себе в одной комнате, а взрослые в другой. Нет, был общий стол, за которым сидели Васины друзья, его родители и братья. Первый тост всегда за дядей Жорой. Беря рюмку, он начинал: «Добрый вечер» или «Добрый день», в зависимости от времени суток. И дальше произносил тост. Дядя Жора по советским меркам очень неплохо зарабатывал репетиторством. Обычно к середине застолья у него созревал традиционный тост: «Меня часто спрашивают, куда я деваю свои деньги. У меня нет машины. У меня нет дачи. Я всем объясняю. Вот они – мои деньги. Я все вкладываю в них» – и показывал на старшего Гарника, среднего Васю и младшего Гришу. Когда у Васи через несколько лет появился загородный дом, дядя Жора всех нас зазывал туда: «Считаю, пить водку на свежем воздухе – это преступление! Сплошной перевод продукта!» Он имел в виду, что на воздухе трезвеешь быстро и водки надо больше. Еще он часто говорил на застольях, смеясь: «Вспомнить есть что, а вот детям рассказать нечего».

Когда в 91–92 годах был российско-американский обмен, в квартире Алексанянов нас, студентов, набивалось человек 20 русских и 20–25 американцев. Весело было, ничего не скажешь... И весельем руководил, конечно, дядя Жора. Он очень тепло ко всем нам относился. В тот период в нашей компании как раз появился американец Дэвид Годфри – как и все мы тогда, совершеннейший оторва. Когда через несколько лет Дэвид женился на русской девушке, то свадьбу он решил справить в Питере, а на роль тамады позвал дядю Жору. Ну а кого еще?! Причем там было человек 100 гостей, и половина – из США, Джорджии и Техаса. Такая непуганая Америка. Дядя Жора обаял всех».

Сам Дэвид рассказывает мне, что родители Васи были для него чуть ли не вторыми мамой и папой:

«Трудно подобрать слова, чтобы описать то высокое почтение, которое я испытываю к Георгию Гарниковичу и Надежде Васильевне. Они замечательные, любящие, патологически гостеприимные, располагающие к себе, веселые и обладающие высочайшими моральными качествами люди. Застолья у них дома стали значимыми событиями моей жизни. Родители Васи, например, научили меня очень четко понимать, что значит быть хорошим человеком, что такое правильно и неправильно. Я привел к ним мою будущую жену совсем как к приемным родителям, чтобы познакомить с ними и получить их одобрение. Они и в самом деле были у нас на свадьбе, а Георгий Гарникович оказал нам честь и стал тамадой. Он исполнил эту роль легендарно!»

В трешке на улице 26 Бакинских Комиссаров однокурсники, однокашники и прочие друзья из разных тусовок Алексаняна продолжали собираться по поводу и без, даже когда все они окончили университет и стали работать. Посиделки, во главе которых безоговорочно продолжал оставаться дядя Жора, стали традицией. И когда средний сын Василий переехал в свой дом, его друзья вместе с ним все равно по пятницам вечером начинали выпивать у дяди Жоры на Юго-Западе, а потом ехали в центр, на Воздвиженку или на Знаменку, в ирландский паб. Или наоборот – из паба к дяде Жоре.

Да, Василий был очень похож на отца. И в первую очередь внутренне – этим лидерством, энергетикой и размахом. Отец и сын каким-то волшебным завораживающим способом могли повести за собой кого угодно и куда угодно.

Дядя Жора и его Вася были очень близки.

Для армян вообще важна эта связь отца и сына. Василий всю свою жизнь отцом очень дорожил. Это было взаимно. Отец пулей ринется к суду, который 7 апреля 2006 года будет арестовывать сына. Войдет в зал, подойдет к прутьям клетки и сквозь эти прутья (конвой не препятствовал!) обнимет сына за плечо, а второй рукой пожмет его руку, с гордостью глядя на него. Они улыбнутся друг другу. Василию давно не надо было ничего объяснять отцу. Тот знал жизнь и планы сына досконально и был уже ко всему готов. В том числе к его аресту. Не готовы они с женой были лишь к тому, что с их сыном будут делать в тюрьме.

«Вася с большим с пиететом к папе относился и всегда прислушивался к его мнению. Для него очень важно было, «что скажет папа», «что подумает папа», «как оценит папа». Какие бы Васины планы мы ни обсуждали, он всегда говорил: «С папой посоветуюсь», – говорит Рудольф Мхитарян.

Папа, конечно, советовал ему уезжать. Но выбором сына – остаться – гордился. Ведь тот не предал никого.

Первая заграница. Фактор «Вася»

Студент Колумбийского университета Дэвид Годфри (или, как его все называли, Дэйв), успешно влившийся в их тусовку в начале 90-х, для всех них тогда был экзотикой, и они, чего уж скрывать, кичились перед остальными наличием друга-американца. Тогда Дэйв был оторвой, и они с Алексаняном сделались закадычными друзьями.

Спустя лет 15 этот американец, как и все Васины друзья, будет усиленно пытаться вытащить его из тюрьмы. Одновременно Годфри – ставший к тому моменту первоклассным международным юристом – пробовал вытащить активы ЮКОСа из ямы. И часть активов от «Роснефти» спас через нидерландские трасты. За что от российской Генпрокуратуры, естественно, получил уголовное дело (о «растрате», само собой), но, слава богу, заочное – в отличие от Василия, Дэйв испытывать судьбу не стал и спасал компанию, находясь в родной Америке.

В ЮКОС в свое время его привел, как нетрудно догадаться, Василий. Будучи начальником большого департамента с широким спектром задач, Алексанян относительно часто прибегал к услугам международной юридической фирмы White & Case, в которой как раз работал Годфри. Затем убедил Ходорковского взять Дэйва на должность специального советника по управлению ЮКОСом. Когда друга не будет на этой земле уже лет десять, Годфри, отвечая на мое письмо с просьбой об интервью, попросит разрешение написать о Васе для этой книги самому. И сядет писать.

...А ведь ни Дэвида Годфри, ни даже Дреля с Балаян в жизни Алексаняна могло не случиться, если бы учеба на юрфаке не ознаменовалась первыми поездками за границу – студенческими обменами. Эти обмены их всех и познакомили.

Излет Советского Союза, Дрель, Ивлев и Балаян узнают, что есть такая European Law Student Association – Европейская ассоциация студентов-юристов, сокращенно ELSA. Впечатлились, и от наглости решили создать свою. Написали устав, назвали «ELSA Москва» и пошли в Министерство юстиции РСФСР к тогдашнему министру Николаю Федорову. На дворе еще Советский Союз, КПСС, но уже время демократии и «вседозволенности», перестройка... Им очень быстро все регистрируют. У них эйфория, и они подают документы на вступление в Международную европейскую ассоциацию студентов-юристов. Их принимают и сразу приглашают на всевозможные юридические семинары за рубежом. И вот весной 91-го года они выезжают в немецкий Мюнстер на конференцию по экологическому праву Европейского сообщества.

«Для нас, тогдашних, в 91-м году, когда в магазинах ничего не было и в стране нечего было жрать, словосочетание «конференция по экологическому праву Евросоюза» звучало фантасмагорически, – смеется Антон Дрель. – Бред какой-то. Европейцы предложили оплатить участие в конференции, плюс разместить в местном общежитии, а нам надо было самим добыть денег на билеты, визы и организовать как въездные, так и выездные визы из СССР, тогда для выезда из Советского Союза требовалось оформить разрешение. Для поездки надо было набрать группу сильных студентов. Мы не пошли в деканат, а устроили на юрфаке МГУ и в Московском юридическом институте (будущей Московской юр. академии, МГЮА) конкурс. Просили студентов подавать заявки. Одну из заявок подал Вася, я его еще тогда не знал. Конкурс он прошел успешно – у него был прекрасный английский и нестандартный ум. Мы сформировали группу из 15–20 человек. Я занимался тем, что спустя два десятилетия получит название фандрайзинг. Искал весной 91-го года несколько тысяч рублей на билеты для всех нас. Среди прочих обратился к бывшему однокурснику, которого то ли выгнали со второго курса, то ли он сам ушел. Ушел и стал одним из первых успешных советских предпринимателей. Это основатель биржи «Алиса» Герман Стерлигов – тот самый, ныне для некоторых одиозный коммерсант. «Гера, дай денег на поездку», – сказали мы ему с ребятами. У него этих денег было куры не клюют. «Да, конечно, берите». И мы поехали в Мюнстер ».

В поезде Дрель окажется в одном купе с Васей Алексаняном. С тех пор дом Алексанянов будет открыт для Дреля.

Германия стала для Василия первой заграницей, первой страной, куда он поехал по обмену. И именно в этой поездке многие поняли, «что такое Вася» в принципе.

«Представьте, – говорит Оксана Балаян, – границы только открылись, мы, студенты из бывшего Союза, в первый раз вообще за рубежом, вышли, так сказать, на международную арену, нужно вести себя подобающим образом. Но у нас есть фактор под названием «Вася». Человек без берегов. Васю бесили все немецкие правила и дисциплина, его раздражало, что в 8:00 нужно встать, а в 9:05 уже быть на лекциях. Его бесило, что здесь нельзя шуметь, громко говорить, допоздна гулять вечером. Вася над этими запретами просто смеялся. Германия для него в этом плане была слишком квадратной и дисциплинированной. Чтобы не произошло какого-то взрыва, мне как организатору обмена пришлось его урезонивать. Я ему говорила: «Вася, пожалуйста, только не вздумай никому здесь перечить. Сделай так, как тебя просят. Потом сюда поедет следующая группа студентов, зачем оставлять о себе репутацию сумасшедших русских?» Он вроде послушался. Но по жизни Васю с его характером и свободолюбием невозможно было загнать в какие-то рамки. При этом он реально был очень талантливый. Уже тогда чувствовалось, что в нем кроется что-то уникальное».

Потом Балаян с Дрелем включат его в программу обмена студентами между юрфаком МГУ и школой права Колумбийского университета (Colombia Law School). Во время этой поездки Алексанян и познакомится с Годфри.

«Это 1992 год. Вася был одним из самых харизматичных студентов в русской группе, – вспоминает свои ощущения от знакомства Годфри. – Умный, лучше всех владеющий английским. Он был полон жизни, располагал к себе, такой всегда веселый, искренний. Было видно, что Вася человек слова, причем он хорошо понимал, насколько это важное качество по жизни. Я сразу почувствовал, что принадлежу к его кругу».

Армен Микаэлян говорит, эти обмены дали их кругу – студентам из Москвы – абсолютно новый взгляд на мир: «После Союза сразу поехать в Европу, а потом, хоть и ненадолго, в Америку, в Нью-Йорк и Вашингтон... Это было нечто!»

Ну а лично Василию, уверена Оксана Балаян, эти международные поездки дали толчок к дальнейшему интеллектуальному развитию и вызвали у него желание учиться в Гарварде. Впрочем, поездки поездками, но изначально высокую планку в учебе и карьере Алексаняну задала семья.

«У Васи были о-о-очень высокие требования к себе во всем, что касается знаний. Для него было мегаважно не просто поверхностно знать, а знать глубоко, – говорит Балаян. – Это диктовалось родителями. Они очень правильно заложили его будущую базу. Получился человек с углубленными знаниями, очень рьяно принимающий решения, абсолютно не боящийся ставить перед собой дерзкие, порой кажущиеся невыполнимыми цели».

Дрель вспоминает, что его друг в плане целей был работоспособный до невозможности. Вот захотел девушке написать стихи по-итальянски. Начал учить итальянский язык. К языкам у него была предрасположенность. «Он в целом был природно очень способный. Знаете, бывают способные люди, которые понимают, что они способные, но дальше не развиваются. Вася же все эти природные качества в себе развивал», – говорит Антон.

Мужской разговор

Учившийся на «отлично», Алексанян при этом никогда не был «ботаником», коротающим время в библиотеке и зубрящим все лекции подряд, – такое можно было представить только в страшном сне, замечает Армен Микаэлян: «У Васьки был второй дан по карате. У него была какая-то неведомая многим из нас дворовая жизнь... Он реально дрался. Думаю, причиной этой эмоциональной составляющей в Васе были не столько армянские черты, сколько его личные качества. Его братья Гриша и Гарник более спокойные. А Васька был такой взрослый буйный и неугомонный ребенок, который постоянно с кем-то дрался в прямом и переносном смысле слова. Причем дрался и будучи студентом, и будучи лучшим корпоративным юристом в России. Дрался вне офиса, естественно. Спокойно мог в ресторане, будучи немного подвыпившим, элементарно вступиться за девушку. Хотя другой бы на его месте имел охрану, и охрана бы занималась такими вопросами. Но зачем Васе охрана, когда у него есть свои кулаки? Какой же он был шебутной парень...»

Оксана Балаян помнит, как он заступился за нее. Дело едва не закончилось поножовщиной. Совковая гостиница эконом-класса «Спорт» на Ленинском проспекте (ее в 2004 году снесут как аварийную), где в рамках обмена остановилось большинство американских студентов. По случаю приезда москвичи – в принимающей группе были Алексанян и Балаян – устроили ужин в ресторане при этой же гостинице.

«В ресторане в тот момент гуляли чеченцы. Я была на танцполе. И в какой-то момент они подошли ко мне, стали приглашать танцевать, сильно навязчиво себя вели. И хотя я не была его девушкой, Вася встал с места, разбил бутылку пива, не задумываясь, пошел на чеченцев с этой разбитой бутылкой и всех разогнал. Произойди тогда один лишний шаг – у всех же чеченцев были ножи, пистолеты – все могло закончиться совершенно печально. Или Вася бы их убил, или они его. Но для Васи это было не важно, для него была важна честь и друзья. Он показал серьезность своих намерений. Уверена, были похожие ситуации, когда в каких-то профессиональных вещах он так же себя вел – шел, не задумываясь, против оппонентов, не оценив их силу и административные ресурсы... У него сильно проявлялась армянская линия – он был слишком вспыльчивый и так же быстро остывал. Но в моменты этой вспыльчивости нередко принимал ошибочные, нерациональные решения. Васю надо было уметь сдерживать. Он как-то умудрялся всегда находиться на передовой линии фронта во всем».

Аналогичный случай с чеченцами и тоже в ресторане запомнил на всю жизнь Дэвид Годфри. Тогда Алексанян защитил и Дэйва, и его подругу. Все то же начало 90-х. Все та же гостиница «Спорт», очередной ужин по случаю очередного студенческого обмена. «Во время ужина к моей подруге, которая приехала ко мне из Волгограда, подошли незнакомые неприятные типы из чеченской банды, – именно так говорит Дэйв. – Требовали, чтобы она пошла с ними танцевать. Я вежливо объяснил, что она здесь со мной и не хочет танцевать с ними. На что они сообщили, что если она не пойдет танцевать, то они убьют и ее, и меня. Услышав это, Вася вскочил, велел мне отвести всех девушек наверх в номера, подальше отсюда. А сам начал разговаривать с чеченцами. Имитируя американский акцент, он напомнил об их «общем наследии»: «Почему армяне и чеченцы должны выступать друг против друга в России, когда это Россия оккупировала наши родные страны?» Вася говорил, что по всему Кавказу действуют одинаковые социальные правила, касающиеся женщин, и что если бы ситуация была обратной, у них не было бы иного выбора, кроме как защищать девушек физически. Когда прибыла милиция, Вася настоял, чтобы стражи порядка не вмешивались в «мужской разговор». Чеченцы зауважали его за эту фразу и в конце концов извинились перед нами. Инцидент был исчерпан».

...В конце 1992 года еще студент юрфака Алексанян гордо скажет уже выпустившемуся с юрфака (и не менее гордому по этому случаю) Антону Дрелю, что крутейшая американская юридическая фирма Cleary Gottlieb Steen & Hamilton, только-только появившаяся на российском рынке, предложила ему, Васе, работу юриста за 1000 долларов в месяц.

«Это были космические деньги! – говорит Дрель и, кажется, до сих пор не верит, что такое предложение Алексаняну действительно поступало. Но оно поступило. – И вот с понедельника по вечер пятницы (а иногда до утра субботы) Вася работал у них юристом. Фактически ночевал в офисе. Это была настоящая соковыжималка. Но ему нравилось. Потому что Вася и ЗОЖ – это вещи несовместимые. Отдых – это не его стиль жизни. Когда он еще только пришел к ним на собеседование, его предупредили: работать придется много. Он произнес в ответ: «I'm too young to have a rest» – «Я слишком молод, чтобы отдыхать». Я всегда держал в подкорке именно эти его слова. В этой фразе весь Вася».

Когда Алексанян спустя 19 лет уйдет из жизни, Антон Дрель на следующий же день напишет в «Ведомостях» колонку, где расскажет про все эти принципы неугомонного друга, главный из которых – «Живи долго и умри молодым»[1].

...В 1995 году Алексаняна с подачи Дэвида Годфри пригласят на собеседование в инвестиционную компанию Sun Group. Но на собеседование Василий не придет. По дороге его остановит милиция – стражам порядка показалась подозрительной его внешность, сопроводят в отделение. «Что за человека ты порекомендовал, Дэйв? У него даже не хватило вежливости перенести встречу», – звонил Годфри недовольный знакомый из Sun Group. «Очень хорошего человека», – ответил Годфри. Алексаняна из милиции отпустят, так ничего и не предъявив. В Sun Group он успеет продвинуться

1 «Ведомости», 5 октября 2011 г. Антон Дрель: Памяти Василия Алексаняна. Вася всегда был человеком, живущим ради счастья и свободы других.

по карьерной лестнице и займет пост главного юрисконсульта. А потом возьмет и уедет в Гарвард.

Гарвард

Юрфак он закончил с красным дипломом. После окончания университета его студенческую тусовку сначала разбросает по разным компаниям, но встречаться они продолжат. И даже снимут совместный офис (смешно сказать – одну комнату), куда будут приезжать несколько раз в неделю и пытаться замутить какое-нибудь общее дело. В один из дней, придя в офис, Алексанян произнесет: «Все, вроде я еду учиться в Гарвард».

Вроде – потому, что ему еще предстояло собрать на учебу огромную сумму денег.

В фирме Sun Group работодатель предложил ему повысить квалификацию в каком-нибудь вузе США, после чего он мог бы рассчитывать на лучшую позицию и большую зарплату. Алексанян сам нашел себе курс в магистратуре Школы права Гарварда. В компании ему сначала обещали все это оплатить, как, собственно, и принято, но почему-то в итоге отказались. Он же, изучив дисциплины и успешно сдав все тесты, получил приглашение и, естественно, загорелся. На семейном совете было принято решение шансом воспользоваться и во что бы то ни стало найти деньги, для профессорской семьи неподъемные.

Дядя Жора вспоминал об этом так: «Гарвард сначала запросил за его учебу 36 тысяч долларов, а у меня зарплата в то время была 50 долларов. Но поскольку Вася на каких-то семинарах успел их заинтересовать, вскоре из Гарварда пришла вторая бумага: ладно, так и быть, платите половину – 18 тысяч. И тут мы уже взвились и начали одалживать. Я ходил по Академии наук, по нашему институту (я сам физик) и собирал деньги. Наши ученые давали кто 100 долларов, кто 50 ...»[2].

Часть денег Василий занимал сам – нашел каких-то серьезных и очень непростых людей. Отец сильно переживал – у этих людей стоял счетчик, шли проценты, и если им не отдать, то это грозило нерадужными последствиями. Но Алексанян потом заработал и все отдал.

2 «У Васи было какое-то обостренное чувство справедливости». 03.10.2012. Пресс-центр Ходорковского и Лебедева.

В магистратуре Гарварда он учился год: осенний, зимний и весенний триместры. Курс Masters of Laws (LLM) в основном рассчитан на иностранцев, у которых уже имеется диплом юриста на родине и которые хотят получить базовое юридическое образование в США. Сегодня у каждой программы LLM свои предметы в зависимости от выбранной студентом специализации. В 90-е Harvard Law School LLM специализации не имела. Это было сделано для того, чтобы не ограничивать студентов в выборе интересных им предметов. Алексанян тогда выбрал корпоративное и конституционное право.

Во время учебы пару раз приезжал на каникулы в Москву. «Для вида жаловался: «Мне там так надоело, хочется быстрее к вам». Но в реальности ему там было классно, – считает Рудольф Мхитарян. – Гарвард очень много ему дал. Там совершенно другое понимание, восприятие, подходы к праву, нежели у нас на юрфаке, в России. Вася потом говорил, что именно Гарвардская школа способствовала его взлету в ЮКОСе».

В Гарварде он получит диплом магистра права и будет признан лучшим иностранным студентом. Дрель говорит, что вернется Алексанян таким же, каким и был, – без всякого налета звездности.

Звездность появится в ЮКОСе.

ЮКОС, креатив и ночи в КПЗ

На протяжении шести месяцев после возвращения из Америки он бегает в поисках работы. Найти ту, которую хочет, мучительно сложно. А с его дипломами и амбициями хотелось крутую, высокооплачиваемую и интересную. Идти просто *абы куда* после Гарварда Алексанян не собирался.

Оксана Балаян: «То, что мне очень понравилось в Васе тогда – как он ждал эту работу. Ждал, не разменивался, не соглашался на другие, менее интересные, активно искал, работал с хантерами, в какие-то периоды сидел абсолютно без денег... Но знал, что найдется такая позиция, которая будет подходить ему идеально и по объему задач, и по деньгам. И он свою работу дождался».

В декабре 1996 года хедхантеры предложили юриста Алексаняна главе нефтяной компании ЮКОС Михаилу Ходорковскому. На собеседование Василия вез на своей машине отец. Из-за волнения Алексанян-старший даже нарушил правила. Добравшись наконец до офиса, отец и сын поняли, что на собеседование записан не только Алексанян, в приемной сидели еще 12 человек. Василий значился в списке шестым или седьмым. После разговора с ним Ходорковский прекратит дальнейший конкурс, сказав помощнику: «Следующих претендентов звать не нужно».

Дэйв Годфри говорит мне, что Василий вел себя на собеседовании несколько странно. Главная странность заключалась в том, что он был вызывающе уверен и поставил перед Ходорковским ряд условий, прежде чем согласился на работу. «Причем к моменту, когда его пригласили на собеседование в ЮКОС, Вася находился не в самых благоприятных обстоятельствах: безработный, погрязший в долгах (он был должен и мне), – вспоминает Годфри. – Любой другой был бы рад получить какую угодно работу, не говоря уже о такой огромной ответственности и возможностях. А Вася вместо этого берет и ставит условия. Одним из условий было то, что он будет подчиняться МБХ и только МБХ, тем самым уменьшая вероятность попадания в какую-либо зависимость от других руководителей. Я не помню остальных условий, однако все они были направлены не на Васино личное обогащение, а скорее на повышение эффективности юридического департамента ЮКОСа. Безусловно, МБХ был впечатлен этой решительностью».

Ходорковский тот день и как именно проходило собеседование, уже не помнит.

«Наверное, потому, что я просто пытаюсь выкинуть из памяти всякие тяжелые воспоминания, связанные в том числе и с Василием. У меня вообще проблема, когда я говорю про Алексаняна. Есть Алексанян, которого я знал и который у меня остался в памяти, и я совершенно не хочу этого Алексаняна помещать в контекст книги. Честно? Я не помню, как он пришел к нам в 96-м году. Помню лишь, что мне его порекомендовал Виктор Прокофьев, который у меня работал юристом и переводчиком. Увидев и послушав Василия, без всякого сомнения, я сразу понял: парень талантливый и амбициозный. К сожалению, я, по всей видимости, недостаточно поправлял корону на его голове. И для жизни недостаточно, и для принятия важных решений оказалось недостаточно».

МБХ в первую очередь имеет в виду тот смертельный (в прямом и переносном смысле слова) поход Алексаняна в 2006 году на тонущий ЮКОС, когда он попытается занять в компании руководящий пост и тем самым ее спасти от *раздербанивания*, хотя всем тогда было очевидно: ситуация уже под контролем Игоря Сечина, на тот момент заместителя руководителя администрации президента, помощника Путина.

...Но до арестов и войн еще несколько лет. И пока конец 90-х – начало активной и самой важной полосы в жизни Алексаняна под названием «Юридическое управление ЮКОСа». Ходорковский поставил перед ним задачу – создать управление с нуля. Алексаняну было 25. Безусловно, он ощутил свою значимость. Впрочем, сперва в том декабре 96-го его проверила служба безопасности ЮКОСа. Итоги проверки оказались не совсем в его пользу. Вспоминает Леонид Невзлин, один из основателей ЮКОСа, отвечавший в том числе за основные кадровые решения:

«У меня знакомство с руководящим персоналом бывало двух типов. В «Менатепе» люди проходили через меня. В ЮКОСе люди проходили не через меня, но Миша со мной советовался и иногда пересылал людей ко мне, чтобы я брал кадровые вещи на себя. И я каждый раз разговаривал с человеком, чтобы понять его личные качества. Для меня важно вперед – хороший или плохой человек. Если плохой, сразу отбрасывал, даже если он суперпрофессионал. Это, конечно, все было на уровне ощущений, но обычно я не ошибался. Дальше важный критерий – лояльность. Нелояльных брать нельзя. И уже потом – профессионализм. И вот МБХ мне сказал посмотреть на Алексаняна. Я попросил отдел безопасности его промониторить. У безопасности справка оказалась негативная: если коротко, он был хулиган. Частые приводы в милицию, что настораживало. Очень тусовочный. Ну а его профессиональные качества пока можно было оценить лишь по первому и второму местам учебы. Опыта работы особого не было. Когда я увидел его лично, понял, что парень хороший, дружелюбный, что он более чем умен, хоть и молод, и что он лояльный по определению. И эта лояльность для него как «Отче наш». Не свернет. Плюс – видно было, что у него высокий ай кью. В минусах, как я понял, то, что парень плохо организован и вряд ли хороший менеджер, а мы искали руководителя для большого правового управления. Но я подумал, что если под Алексаняном будет один-два хороших зама с организационными способностями, то с точки зрения оценки деятельности, а самое главное – юридического креатива, лучше Васи не найти. И я его кандидатуру одобрил».

Алексаняна взяли на должность начальника юридического департамента компании «Роспром», которая тогда управляла промышленными активами банка «Менатеп». Этот департамент состоял в тот момент из семи человек, включая Дмитрия Гололобова[3], который был и.о. руководителя, и

3 Гололобов Дмитрий Владимирович (1969 г.р.) — юрист, сотрудник правового управления ЮКОСа с 1995 по 2004 год. В середине 2000-х был объявлен Россией в международный розыск по обвинению в хищении и легализации. Спустя несколько лет решил сотрудничать с властями РФ и дал показания о якобы «незаконном и коррупционном характере приватизации ЮКОСа» в 90-х годах и о прочих «нарушениях» в компании, в которой он проработал 10 лет. После дачи этих показаний с Гололобова в России сняли все обвинения.

Светлану Бахмину[4]. Весной 1997 года весь юридический департамент «Роспрома» перешел в ОАО «НК "ЮКОС"», где Алексанян возглавил правовое управление. Он открыл набор и вакансии. К началу 2000-х юруправление из 7 человек вырастет до 55 сотрудников и расширится до пяти департаментов: 1) судебно-арбитражного, 2) налогового, финансового и банковского права, 3) договорного, 4) по работе с предприятиями и 5) департамента общей правовой поддержки.

Когда победителя рейтинга не будет на свете уже несколько лет, а журнал «Карьера» перестанет существовать, я, не найдя нигде ту публикацию, отправлюсь в библиотеку имени Ленина. И там в электронных базах найдется и тот самый звездный рейтинг с его фотографией, и сотни научных монографий, учебных пособий и диссертаций, где среди прочего профессорами и докторами права анализируется трагическая история Алексаняна (и постановление Европейского суда по его жалобе на пытки) и его роль в становлении адвокатуры в России. Думаю, он был бы горд. Помню, как-то выйдя из библиотеки и взглянув на Кремль, что стоит напротив, я поймала себя на мысли: как это странно – главная государственная библиотека страны хранит посвященные Алексаняну юридические труды, и в этом же городе, совсем рядом, в центре, есть места, где его мучили и где до сих пор лежат стопки макулатуры – обвинительных заключений по «делу ЮКОСа», в котором он и его бывшие однокурсники и друзья проходят как организованная группа...

Кстати, про однокурсников. В создаваемое юруправление он действительно пригласит некоторых из своей юрфаковской тусовки. Ему нужна была команда проверенных людей. А где их взять, как не среди тех, с кем ты учился и крепко дружил. Устраивая людей в ЮКОС, он дал дорогу в жизнь очень многим. Слово Рудольфу Мхитаряну:

---

4 Бахмина Светлана Петровна (1969 г. р.) – юрист, бывший заместитель начальника правового управления ЮКОСа, член советов директоров ряда дочерних предприятий этой нефтяной компании. Была арестована в декабре 2004 года прямо на допросе. По версии Генпрокуратуры, она вместе с Дмитрием Гололобовым участвовала в присвоении имущества и активов компании «Томскнефть». Симоновский суд Москвы приговорил Бахмину к 7 годам колонии, Мосгорсуд скостил приговор на полгода. В отсрочке исполнения наказания до того момента, как младший из ее детей не достигнет совершеннолетия, Бахминой было отказано. Пробыла в заключении 4,5 года. Освободилась благодаря широкой общественной кампании в ее защиту. Многих возмутило, что суд в Мордовии, где Бахмина отбывала наказание, отказал ей в условно-досрочном освобождении (УДО), несмотря на то что женщина находилась на четвертом месяце беременности и не представляла никакой опасности для общества. Был создан сайт, на котором каждый желающий мог оставить подпись под обращением к президенту с требованием освободить юриста ЮКОСа. Сама Бахмина в тот период подала на имя тогдашнего президента Дмитрия Медведева прошение о помиловании, в котором признала вину, однако через несколько дней отозвала бумагу. Вскоре ее этапировали в Москву, где осенью 2008 года в одном из учреждений ФСИН она родила дочь. Весной 2009 года Бахмину наконец освободили по УДО.

«Первым он пригласил нашего однокурсника Сашу Рыжих, который работал в налоговой инспекции. Он Саше сразу предложил должность своего зама и главы налогового департамента (вторым замом был Гололобов). Через полгода Вася позвал меня – в судебно-арбитражный отдел. Мы с ним сразу договорились: никакого протекционизма с его стороны не будет, есть работа, а есть дружба, и мы эти вещи не смешиваем. «Ты же понимаешь, все будут знать, что ты мой друг, и будут думать, что я тебя продвигаю», – опасался он. Года через три он позовет в юротдел нашу однокурсницу Нату Амирян. Больше никого из наших не звал. То есть из 50 сотрудников только трое были Васиными однокурсниками. Но Вася даже этого стеснялся.

Иногда до смешного доходило. Он публично при всех ко мне придирался: «Почему у тебя последняя пуговица на рубашке не застегнута?», «Почему галстук не так завязан?» По работе придраться было не к чему. Он, конечно, меня этими придирками выбешивал. Каждый день при всех отчитывал, и каждый вечер мы собирались в пабе после работы, где я ему говорил: «Вася, ты достал уже. Чего ты до Натки не докапываешься, собака, а только до меня?» – «Она девчонка». Я говорю: «И что? Она же тоже твоя однокурсница». Если честно, были моменты, когда мне его придирки надоедали и я думал: «Все, ухожу». Никакого карьерного роста, а только Васина позиция: не дай бог, кто-то подумает, что он продвигает однокурсников. Но в итоге я остался. Просто понял и принял эти его показательные упреки: ему было сложно. И дело было не только в руководстве отдельно взятым юридическим управлением, перед ним была огромная махина – компания, в которой он себя должен был поставить таким образом, чтобы с ним, молодым пацаном, считались нефтяники со стажем, руководство, менеджеры высшего звена. Ему нельзя было упасть лицом в грязь, как-то самому подставиться».

Не приглашал он почему-то в ЮКОС Оксану Балаян, к тому моменту уже отучившуюся в США, Италии, получившую в Германии степень доктора юридических наук и успевшую поработать на руководящих позициях в международных юридических фирмах. Он отшучивался. Она обижалась:

«Я видела, что из нашей общей тусовки Вася многих берет к себе: Дэвида Годфри, Нату Амирян, Рудика Мхитаряна, Сашу Рыжих. Антон в «Менатепе» работал, Паша Ивлев – в компании, обслуживающей ЮКОС. А меня Вася никогда не звал в свой юротдел. Всегда говорил: «Балаян, давай ты будешь оставаться нейтральным человеком, кто-то же из нашей тусовки должен быть не в ЮКОСе». В какие-то моменты меня это задевало, но, как оказалось впоследствии, это, конечно, сыграло для меня мегаположительную роль. Мало ли как могло сложиться, когда все началось...»

Так или иначе, он ее спас. Балаян спустя годы станет известным профессионалом в области международного корпоративного права.

Возможно, он понимал: быть начальником над таким сильным юристом, как она, будет сложно, тем более она девчонка, а на них, в отличие от своих мужчин-замов, он никогда не кричал. Не кричал он и на рядовых подчиненных. Мог окинуть стальным взглядом – этого было достаточно. Соблюдал субординацию сам и требовал этого от других. Впрочем, жестким Алексанян был не только в своем юруправлении.

Рудольф Мхитарян: «Боялись Васю те, кто сидел у кормушки ЮКОСа в регионах, – а это была и куча проворовавшихся старых красных директоров, и какие-то совсем криминальные личности. Я это на себе ощутил, когда стал исполняющим обязанности начальника управления в 2005 году. Тогда в компании был хаос: руководство сидело, часть персонала арестована, часть уволилась и разбежалась... И на моих глазах те, кто привык сидеть у кормушки, пытались банально воровать. Я с ними боролся, в ответ получал от них угрозы. И тогда я прекрасно понял Васю: как в 1996-м этот 25-летний мальчишка боролся с ними, тогда еще всемогущими вороватыми царьками. В середине 90-х вообще время было тяжелое. Это сейчас наши дети делают карьеру иначе: главное – больше улыбаться. А тогда Вася, сморщив лоб, постоянно кому-то что-то доказывал, учился ставить себя так, чтобы его боялись, но уважали».

Благодаря в том числе Алексаняну в ЮКОСе создали систему электронного бумагооборота и согласований, поэтому мимо юруправления сомнительные сделки пройти уже не могли. Впрочем, одновременно с устремлениями Алексаняна к западным стандартам в его характере было и (осталось до конца) многое из российских 90-х. Это был не просто солидный адвокат, сопровождающий крупные сделки и только. Алексанян был юристом, способным вступить с оппонентами в своеобразный кулачный бой.

И такой Алексанян 90-х с его нестандартными юридическими шагами идеально подошел Ходорковскому, когда тот развернул войну с инвестором Кеннетом Дартом, терроризировавшим крупный бизнес по всему миру корпоративным шантажом (гринмейлом). К 1997 году его компания Dart Menagement сосредоточила в своих руках примерно по 10% активов «дочек» ЮКОСа – «Юганскнефтегаза», «Самаранефтегаза» и «Томскнефти». Когда Ходорковский собрался переводить «дочки» на единую акцию, чтобы консолидировать бизнес, Дарт стал требовать «справедливую цену» за свои ценные бумаги. По его оценкам, пакеты стоили $750 млн, что означало почти десятикратную прибыль на инвестиции. Юруправление ЮКОСа устроило с Дартом судебные тяжбы. Параллельно Алексанян и его юристы предложили руководству возможный выход: «дочки» ЮКОСа проводят допэмиссию, в результате которой доля Дарта серьезно размывается. Так и получилось. Дарт вынужден был пойти на мировую и продать свои акции ЮКОСу в 5 раз дешевле, чем требовал изначально.

Потом благодаря юруправлению Алексаняна ЮКОСу в Венском арбитраже проиграет коммерсант Евгений Рыбин. В конце 90-х, когда ЮКОС приобрел «Томскнефть», Рыбин лишился сверхприбыли, которая была возможна в силу злоупотреблений со стороны бывшего руководства этой компании. Проще говоря, это было откровенное воровство. Видимо, в отместку Рыбин впоследствии станет самым раскрученным свидетелем обвинения по всем фигурантам «дела ЮКОСа», независимо от того, знал он их лично или нет: начиная с Бахминой и заканчивая Пичугиным. Именно Рыбин будет подбрасывать следствию фальшивые документы, которыми обосновывались аресты и содержание сотрудников компании в СИЗО. Фальшивки, подаваемые следствием так, словно они принадлежат правовому управлению ЮКОСа, потом раскроет Алексанян. Благодаря его подсказкам защита во втором деле Ходорковского и Лебедева добьется того, что ключевой опус Рыбина исключат из дела. Это будет за год до смерти Алексаняна.

«Вася был инициативный. И поэтому практически не было задач, которые его управление не могло решить, – говорит Леонид Невзлин. – А поскольку он контролировал и интеллектуально, и организационно собранную им команду сильных юристов, то все у них в управлении работало. Он знал себе цену. Хотел быть лучшим руководителем юридического подразделения в крупнейшей компании. Хотел, чтобы к нему шли лучшие. И он всего этого добился – у компании был имидж. И у Васи был имидж. Он всегда гордился результатами, хвалился, любил рассказывать, как он решил ту или иную проблему, которая была «неразрешима» в рамках законодательства».

«Иногда у Васи кружилась голова от успехов, – говорит Армен Микаэлян. – Некоторые люди с ним из-за этого расставались, или он сам расставался... У него была большая зарплата, он ни в чем себе не отказывал. Но, с другой стороны, он это заслужил – так как был страшным трудоголиком. При этом он не был офисным планктоном, карьеристом, конформистом. Ничего подобного. Он не строил карьеру в таком прямом понимании слова, как суперсуперлойеры строят в галстучках и костюмчиках. Но эти лойеры никогда не смогут пойти против силовиков и вести с ними понятийный разговор, как Вася с тем же Ребгуном[5]: «Ты делаешь черное дело, я буду против

5 Ребгун Эдуард Константинович (род. в 1947 г.). Один из самых известных в России арбитражных управляющих. В 2006–2007 гг. был назначен властями на должность конкурсного управляющего НК «ЮКОС». Занимался банкротством компании, в результате которого основные ее активы задешево перешли к государственной компании «Роснефть».

этого бороться». В нашем случае карьеристы из ЮКОСа сразу исчезли, оказались по другую сторону баррикад...»

Но до баррикад еще далеко. А пока Алексанян продолжает выстраивать в своем управлении жесткую дисциплину. Смешно – при этом его собственная дисциплина вне стен ЮКОСа хромала на обе ноги. Служба безопасности продолжала снабжать руководство негативными отчетами о данном сотруднике.

«У службы безопасности ведь тоже был свой юридический отдел, и они, конечно, себя, а не Васю и его управление, считали настоящими юристами. «Этот хрен молодой откуда-то взялся, да еще с западной степенью, что он понимает?» – такое отношение у них было, – вспоминает Невзлин. – Там же работали юристы ментовские: бывшие следователи, судьи, прокуроры, фэсбэшники, а не мальчики, окончившие Гарвард. И вот каждая моя встреча с Алексаняном была подкреплена недельной справкой от службы безопасности. Инциденты за ним ходили гуртом. КПЗ, складывалось впечатление, служило ему любимым местом досуга. В милицию он попадал иногда еженощно. Часть попаданий была связана с тем, что он вступался за девушек. Если при нем обижали девушку, он бился с обидчиками до конца. Парень очень эмоциональный. Очень влюбчивый и очень благородный. Просто рыцарь-рыцарь. Чтобы не беспокоить Ходорковского Васиными рыцарскими поступками, у меня выработался алгоритм: я просил сотрудников службы безопасности вытаскивать его из отделений милиции. А это всегда означало для сотрудников, что надо ночью подняться, найти знакомых в милиции и на каких-то условиях договориться, чтобы его выпустили из КПЗ.

Иногда с участием Васи происходили разные разборки на дорогах. Кого-то он подрезал, кто-то его подрезал, вышли, порубились. Вася кого-то вырубил, его кто-то тоже задел, естественно, его забирали в кутузку. Я даже машины его поэтому помню. Самая любимая хулиганская – «Гелендваген Мерседес», это джип военного типа, тогда крутым считался.

Еще Вася был игрок. Пару раз у нас была ситуация, когда он ночью пробивался в офис к своему сейфу. А у нас по ночам служба безопасности никого не пускала. Нужно было спецразрешение. Вася, зная свою безудержную страсть к игре, сам себя ограничивал и не брал все деньги с собой в казино. Но ночью все равно разыгрывался, терял контроль и приезжал на работу за деньгами. Иногда его пропускали, потому что все понимали, что игра – это как болезнь. Невозможно человека отговорить, он все равно найдет где занять. Так уж лучше пусть на работе у себя в сейфе возьмет свои же деньги. Он был безупречно честен – играл только на свои и проигрывал только свои. Никогда в кассе никакой копейки не взял. Вот эта лояльность и честность, вдобавок интеллект – это все в большой плюс.

Я к нему относился хорошо, привычка разруливать всякую подобную фигню в виде милиций и казино не сильно влияла на мое отношение. Из-за того, что он мне доверял, и, надеюсь, не напрасно, он советовался со мной как со старшим мужиком и по поводу своих личных отношений, и касательно вещей, приводивших его к тем или иным жизненным коллапсам. А Ходорковский, для которого поведение Васи, мягко говоря, являлось не конвенциональным, его терпел за то, что тот хороший профессионал».

Ходорковский говорит, что действительно ценил в Алексаняне это качество. Все остальное – отсутствие тормозов и безбашенность – у МБХ не то чтобы вызывало сожаление и шок, для него это было объяснимо:

«Он, без всякого сомнения, был талантливым юристом. Человеком, который способен увидеть схему. Что еще более важно – он был талантливым организатором в юридической сфере. Умел держать под собой способных людей и взаимодействовать с ними, несмотря на свои амбиции. Это не так-то просто. Обычно как? Если человек талантливый и амбициозный, то он просто глушит всех под собой. А Василий умел талантливых людей под себя ставить. Эти люди, конечно, бывали специфическими, посмотрите на того же Гололобова. Но все же.

Проблема Василия, как мне кажется, состояла в том, что ему с точки зрения амбиций приходилось себя ограничивать в ЮКОСе. Начальник юридического управления – это, конечно, важная позиция в компании, но это позиция третьего уровня. Условно говоря, начальник подразделения добычи – это второй уровень. Начальник подразделения перерабстки, сбыта или человек, отвечающий за пиар и взаимоотношения с акционерами, – это тоже второй уровень. А начальник юридического управления – это все-таки вспомогательное, поддерживающее, управление, поэтому третий уровень. И перешагнуть этот уровень Алексанян не мог. Только если бы создал отдельную юридическую компанию, и она бы выросла до безумных размеров. Ему же очень хотелось внешнего уважения. А внутри нашей компании история с чинопочитанием не была развита, я такие вещи принудительным образом душил, потому что у чинопочитания есть очень серьезные производственные недостатки, снижающие эффективность работы. В итоге Алексанян искал признание за пределами компании. Отсюда все эти его замечательные похождения: казино, драки, милиции... Там он мог себя реализовывать больше».

Свидетелями той внешней стороны его жизни, где он так ярко себя реализовывал, естественно, были друзья, которых он все время пытался собрать вокруг, чтобы все вращались в его Вселенной.

Антон Дрель: «У меня навсегда осталось в памяти, как он звонит в три часа ночи в дверь моей квартиры на Пречистенке и с порога кричит (а он уже в ЮКОСе работал): «Я в казино выиграл! Вот вы мне все не верите, что я выигрываю. А я выиграл! Вот, полмиллиона долларов в мешке! Хочешь? Бери! Хочешь, еще пачку?» «Да мне, Вась, зачем?..» – спросонья пытаюсь вставить я. Свалиться на голову в три ночи – в этом был весь Вася. Проигрывал он, конечно, больше, чем выигрывал».

Сваливался Алексанян ночью и на голову Дэвиду Годфри – когда проигрывал:

«Вася как-то позвонил мне в 4 утра и попросил срочно одолжить ему денег, «пока не наступило утро». Когда я спросил, сколько нужно, он ответил вопросом на вопрос: «А сколько у тебя есть наличными?» Я сказал, что есть 85 000 долларов, он приехал и забрал их все через 20 минут. Но я нисколько не колебался, потому что был уверен: Вася вернет. И он быстро вернул».

Оксана Балаян для себя объясняет это его увлечение казино попыткой снять стресс: «Это же гигантский бизнес, много ответственности. До всех арестов и судов я не очень понимала, на какой вообще амбразуре в ЮКОСе сидит Вася. Только потом осознала: если у Васи был такой сильный стресс на работе, тогда понятно, почему он играл и каждый вечер проводил в ресторанах, где любил заказывать русские песни... Так расслаблялся. Иначе бы вообще выгорел. Иногда мне, правда, казалось, что ему море по колено. Но я никогда не относилась к категории тех, кто говорит: «Ой, Вася, так нельзя».

А вот Рудольф Мхитарян по-дружески все же пытался корону с головы Алексаняна если не снять, то, как и МБХ, поправлять. Дело доходило до ссор. Но юрист-восходящая-«звезда» всегда потом извинялся первым.

«Бывали ситуации, когда Вася переоценивал себя и недооценивал других, – говорит Рудольф. – Вне работы его иногда заносило сильно. Ему, например, нравилось, когда его, что бы он ни сделал, все хвалили: «Вася, только так и правильно». Он уже стал начальником с большой зарплатой, каждый вечер спускал в ресторанах много денег. Я каждый раз с ним ходить не мог: незачем, да и зарплата не позволяла. У меня семья. Когда пропускал, он обижался: «Ты меня бросил...» Я отвечал: «Вася, я тебя не бросил, но я не могу каждый день, в конце концов, зарплата не позволяет, как тебе». Он считал, что может спокойно платить за меня. Для меня же это было неприемлемо. В нашей компании со студенчества было принято: каждый платит за себя сам. А в это время вокруг него вилось очень много прихлебателей, которые ему пели дифирамбы: «Ой, Вася, ты такой, ты сякой...», при этом никто из них за себя не платил, все за его счет. Я посмотрел на все это, говорю: «Вась, это что такое? Ты их угощаешь, они за твой счет каждый день в ресторанах сидят. Естественно, ты для них самый золотой и самый дорогой человек». – «Они все считают нормальным, что плачу я, ты один так не считаешь». Я вспылил: «Хочешь с ними дружить, иди, но без меня!» Не общались две недели. Потом он пришел: «Слушай, извини...»

О любви

...И откроется на Страшном Суде,
что единственным смыслом жизни на земле была Любовь.
Антоний Сурожский

Нужно, конечно, что-то сказать о личном. Но много сказать не получается. Судьба, либо какие-то иные силы в небесной канцелярии так противились и упрямились, что, в общем, как-то все не то и не так у него в личном выходило. Если коротко – полный сумбур. Впрочем, любовь взаимная все же случилась. Главная и единственная. И конечно, несчастная: она (имя опускаем) не смогла оставить успешную карьеру модели в Америке, а он не смог оставить успешную карьеру юриста в России.

Он иногда будет сидеть по вечерам в своей московской квартире, ждать ее звонка, названивать сам, и когда дозвонится, умолять ее приехать...

Она так и не приехала. А он так и не рискнул бросить все в России и строить карьеру на другом континенте. Странно. Он так много и азартно по жизни рисковал. А тут не рискнул. Кто знает, может, если бы уехал, то и не случилось бы потом ничего, а было бы на два счастливых человека на земле больше. Но сослагательное наклонение, как известно, вещь глупая.

Любовь сегодня продолжает жить на другом континенте. У нее прекрасная семья, дети. Она сделала карьеру. И кажется, счастлива. В ее медальон, который она носит на шее, вместе с фото детей вложена еще одна фотография – Его. Человека, к которому она когда-то не приехала и который не рискнул уехать к ней.

У него, конечно, были потом еще влюбленности, увлечения и заблуждения. Он делал кому-то незаслуженно больно, кто-то делал больно ему. Но семьи ни с кем не случилось. Да он и не стремился особо ее заводить, хотя самый значимый в его жизни человек – отец – как говорят друзья, постоянно «пилил» его на этот счет.

Рассказывает Рудольф Мхитарян:

«С личным Вася никогда не мог разобраться. После той взаимной любви с ним были девицы, которые его не любили, но находились рядом из-за денег. Как же, он большой человек – вице-президент, у него загородные дома, то-се, пятое-десятое. Вася им покупал квартиры, шубы, драгоценности. А потом к ним охладевал. Чувствовал, что не любят. То встречались на его горизонте нормальные скромные девушки, как мама его сына, например. Но Вася их не замечал».

Мама сына – действительно скромная и хорошая – живет в Москве. Делиться своими воспоминаниями о Нем она отказалась. Их сын Георгий, кажется, характером пошел в него... И тоже собирается, как и отец, стать юристом. Впрочем, об этом позже.

А вообще какое же счастье, что у него остался сын.

Часть II.

Игорь Иванович и другие

2003–2004. Предательства

В конце 2002 года Алексанян уйдет из ЮКОСа. Как казалось, навсегда. Но весной 2003-го начнутся всем известные события, отстраниться от которых он не сможет.

Очевидец и участник тех событий – Рудольф Мхитарян, который оставался работать в московском офисе ЮКОСа до весны 2006 года – вспоминает:

«Когда арестовали Лебедева, а потом Ходорковского, никто з компании не верил, что такое вообще возможно. Думали: ну наезд, ну договорятся, все взрослые дяди, разрулят ситуацию. Но не случилось.

Васька ушел из ЮКОСа еще до того, как все началось. Ушел из-за сделки с «Сибнефтью». ЮКОС и «Сибнефть» пытались слиться дважды. Первая попытка была в 1998 году, тогда Березовский и Абрамович предложили МБХ сделку. Вася как глава юридического управления ЮКОСа был против слияния. Он мне говорил: «Мне кажется, это какая-то подстава». Он и Ходорковскому прямо заявлял: «Вас кинут, Михаил Борисович». Он мне рассказывал, что на него чуть ли не сам Абрамович в тот момент выходил, пытался обработать. Хотел, чтобы Вася не сопротивлялся как юрист, склонял его к сотрудничеству: «Вот мы объединимся, и ты пойдешь ко мне», типа, главным юристом. Вася был непреклонен. Но в итоге ЮКОС и «Сибнефть» все равно объединились, а вскоре быстро разошлись. И, как я понимаю, МБХ на этом неудавшемся слиянии в 98-м что-то потерял. «Ну я же вам говорил...» – гордо произносил Вася.

В 2003-м намечалась вторая попытка слияния, к слову, тоже оказавшаяся неудачной – на этот раз из-за ареста Лебедева и МБХ. К 2003 году «Сибнефть» и ЮКОС были уже совершенно другими компаниями, шел длительный период подготовки к сделке. По словам Васи, одно из условий Абрамовича состояло в том, чтобы юриста Алексаняна в объединенной компании не было. И Вася вынужден был уйти из ЮКОСа. Стоял декабрь 2002-го. Он нас, своих ближайших подчиненных из юридического управления, повел в какой-то ресторан. Сообщил, что уходит из-за слияния с «Сибнефтью», что у него идут переговорыо компенсации, или «парашюте». «Давайте договоримся так, – сказал он нам, – у нас выстроено юруправление, которое прекрасно работает. На свое место я буду рекомендовать начальству кандидатуру Гололобова. Рыжих, – продолжал Вася, – по-прежнему будет в налоговом департаменте, а ты, Рудик, – обратился он ко мне, – в судебно-арбитражном. Друг другу никто не мешает. Если будут какие-то волнения в компании, не лезьте вперед паровоза». А Гололобову он отдельно повторил: «Ты будешь начальником, но, пожалуйста, потерпи, пока я не уйду».

Но процесс развода Васи с ЮКОСом затягивался, и Гололобов не выдержал. Я прекрасно помню тот день, когда Гололобов всем нам, персоналу юруправления, разослал письма: «Ребята, чтобы не было двоевластия, я теперь начальник».

Еще Вася не ушел. Это был первый нож в его спину.

После этого, по крайней мере, я с Гололобовым больше не здоровался.

В начале 2003 года Вася ушел из компании. Его как первоклассного юриста, естественно, тут же быстро подобрали. Зиявудин Магомедов[6] и пара его партнеров предложили Васе работу. У них уже был бизнес с Вайнштоком[7]. Они хотели правильно структурировать и вертикально интегрировать множество своих компаний в холдинг. Вася приезжал ко мне, рассказывал, что «у них все так бардачно», что «они непонятно что делают». Советовался со мной: «Ну что, брать – не брать? Не знаю. Такие идиоты, но попробую».

Попробовал. Но поскольку у Васи непростой характер, и у ребят из Дагестана – тоже характер тот еще, то он проработал у Магомедовых буквально несколько месяцев и ушел. Потом поработал недолго в каком-то фонде наподобие фонда Ротшильда.

К тому моменту в ЮКОСе уже несколько месяцев развивались драматичные события: возбуждались уголовные дела, шли аресты, предпринимались первые попытки отъема активов... Сотрудники боялись, постепенно разбегались. Это был конец 2003-го – начало 2004-го.

Гололобов, который занял место Васи, стал делать странные вещи. Юридическое управление под его руководством перестало работать и занималось саботажем. Зная, что мы с Васей друзья, он отстранил меня от всех дел, которые были для компании более-менее важны. Осенью 2004 года Гололобов уехал из страны, опасаясь преследований, но продолжал руково-

---

6 Зиявудин Гаджиевич Магомедов (1968 г.р.) — российский предприниматель, владелец группы компаний «Сумма». Весной 2018 года был арестован вместе со своим братом Магомедом Магомедовым и деловым партнером Артуром Максидовым по обвинению в нескольких эпизодах мошенничества. Также следствие предъявило им статью 210 УК РФ — «Организация преступного сообщества», чем значительно отягчило их положение и увеличило будущие сроки наказания. Практика вменения тяжелой 210-й статьи представителям бизнеса стала активно применяться российскими властями в последние годы. При этом, как правило, доказательств причастности того или иного коммерсанта к преступному сообществу следственные органы не приводят. Арест Магомедовых стал для бизнес-сообщества полной неожиданностью. Только что они на самом верху согласовали продажу доли в Новороссийском морском торговом порту и неспешно торговались с «Транснефтью» по сумме сделки. По одной из версий, арест должен был сделать Зиявудина Магомедова более сговорчивым. В итоге за два года в СИЗО «Лефортово» он вынужден был расстаться почти со всем своим бизнесом. Акции его компаний отошли государственным структурам.

7 Вайншток Семен Михайлович (1947г.р.) – российский промышленник, бывший руководитель контролируемых государством компаний «Транснефть» (1999–2007) и «Олимпстрой» (2007–2008). С 2010 года проживает за границей.

дить юруправлением из Лондона. Ситуация в управлении была аховая: часть народа подчинилась Гололобову, часть болталась непонятно где – им не давали работать. В декабре 2004 года арестовали Светлану Бахмину, и Гололобов всех запугал: если вы не уволитесь, то вас тоже всех арестуют. В итоге он предложил нам написать заявления об уходе. В юруправлении начались паника и растерянность: ни тебе руководства, ничего, сотрудников сажают...

А наш уехавший в Лондон юрист, как оказалось, в это время создавал параллельное ООО, через которое шли бы все потоки, предназначенные для оплаты адвокатов, защищающих арестованных руководителей и менеджмент компании. На адвокатов ведь огромные финансовые ресурсы компании выделялись. В созданном Гололобовым ООО учредителями были он и двое его приближенных. У офиса в Лондоне, где к тому моменту находилось основное руководство ЮКОСа, возник с Гололобовым конфликт. В Лондоне посчитали, что созданное им ООО – это воровство, требовали отчитаться. Помню, мы вместе с Васей шли встречаться с представителями уехавшего юриста (это были адвокаты Падва и Гофштейн), предложили, чтобы тот все-таки вернул компании средства, за которые не может отчитаться. Оппонент выразил готовность вернуть 1 миллион долларов и желание выкупить ООО. Деньги наверняка вернул, иначе от него не отстали бы.

Но тогда он еще продолжал руководить юруправлением в Москве. Мы, оставшиеся сотрудники, плюнули и перед Новым годом сдали ему заявления об уходе.

Я с семьей уехал куда-то на Новый год, а 5 января возвращался в Москву и прямо в аэропорту получил звонок от Дэйва Годфри из Лондона. Он предложил мне возглавить правовое управление в Москве (стать исполняющим обязанности) и по возможности восстановить работу московского офиса компании. Я вызвал уволившихся сотрудников (тех, кого было можно) обратно. Набрал человек 15 – все, что осталось от правового управления в 50 человек. И совместно с лондонским офисом мы стали готовить буфер, защиту для активов. Именно поэтому наличие работоспособного юруправления в Москве было в тот период очень важно. В итоге мы успели часть активов защитить. Если бы известный юрист остался в юруправлении, вряд ли бы это получилось.

Но юрист, находясь в Лондоне, продолжал разваливать управление. Я пытался этому противостоять. То есть помимо войны с внешним врагом еще шла война внутри компании. Дичь. Мне Васина школа тогда здорово помогла – я знал по его опыту, как себя и с кем вести, чтобы не съели.

Юрист же всегда был истеричкой, но когда руководил Вася, тот его боялся. Завидев меня, всегда опускал глаза и проходил мимо. Теперь же он воевал со мной посредством своих приближенных сотрудников. От одного из них по мейлу мне пришла угроза (я ее сохранил): «Ты не знаешь, с какими людьми имеешь дело, кто за кем стоит и как это все заканчивается». А ведь тот, кто это написал, был нормальный парень, просто с юристом связался. Я ему в ответ: «Кирилл, глупо с твоей стороны, ты бы хотя бы позвонил, а так оставил доказательство того, что ты мне угрожал». После этого Кирилл исчез, а потом ушел от юриста».

Я не стала связываться с Дмитрием Гололобовым, что, наверное, неправильно, ведь должны быть представлены обе точки зрения. Но мне он кажется уж слишком тенденциозным: часто публикует не основанные на фактах посты в социальных сетях, в которых зачастую опускается до оскорблений в адрес бывших коллег и бывшего начальства. Да и не в постах, собственно, дело. Мне просто ясна суть этого человека. В 2016 году Гололобов дал показания в американском суде, выступая на стороне российских властей и сообщив среди прочего о якобы незаконном и коррупционном характере приватизации ЮКОСа в 90-е и о прочих «нарушениях» в компании, в которой он сам работал около 10 лет. Показания Гололобова приобщили адвокаты все той же компании White & Case, представлявшие теперь уже интересы правительства Российской Федерации и настаивающие на непризнании гаагского арбитражного решения о выплате ЮКОСу $50 млрд за незаконную экспроприацию активов. Представители российских властей позиционировали показания Гололобова как «критически значимые». Через год после дачи этих показаний Россия сняла все обвинения с Гололобова и прекратила его преследование по линии Интерпола. Официально причины не назывались. Сам он признался журналистам, что «это было просто выгодно РФ».

Действительно: баш на баш.

У меня как-то нет вопросов к человеку.

Что творилось в ЮКОСе перед арестом Алексаняна – рассказывает Рудольф Мхитарян:

«Еще до отъезда Гололобова в Лондон Вася предложил своему бывшему заместителю, нашему однокурснику Саше Рыжих взять ситуацию в юрправлении в свои руки. А тот боялся, что Гололобов его уволит. Вася ему говорил: «Я сделаю так, чтобы тебя не уволили. Только не тяни». В итоге Вася пробил ему «золотой парашют»: как гарантию, что если его вдруг уволят, то он получит компенсацию. «Вот когда подпишут «золотой парашют», тогда и будем думать», – ответил Васе наш однокурсник. Вася мне рассказывал, что тогда из своих денег дал ему сто тысяч долларов как гарантию, что он получит «парашют», лишь бы только быстрее брал ситуацию в юрправлении под контроль. И когда этому однокурснику подписали «золотой парашют», он, по словам Васи, не вернул ему 100 тысяч долларов, да и ситуацию в управлении в свои руки брать не стал.

Когда известный всем юрист уже уехал, и управление попросили возглавить меня, я на этого сотрудника очень рассчитывал. А он не приходил в офис, пропускал совещания, не отвечал на звонки, пропадал где-то бухой... В общем, саботировал. Для Васи это было еще одно предательство. А этому сотруднику было все равно: у него «золотой парашют», он понимал, что, даже если его уволят, он получит кучу денег. Я хотел, чтобы он не получил ни копейки. И нашел способ – уволил его за прогулы – статья, не предусматривающая «золотого парашюта». Он пришел злой, пытался даже кидаться на меня, но остался без денег. Проучили. Вася был счастлив. Он хоть и не работал у нас, но по-прежнему пытался исправить ситуацию в созданном им детище. Его очень волновала и судьба ЮКОСа в целом».

Платон как пример для подражания

В 2003–2005 годах в числе большой команды адвокатов Василий был одним из защитников как Ходорковского, так и Платона Лебедева. Участвовал в судебных заседаниях, посещал клиентов в СИЗО. Для него было крайне важно оказать им хоть какую-то помощь. Кто как, а Алексанян считал это делом чести. Словно членов своей семьи защищать.

– Платон Леонидович, а вот вы не боитесь их посылать куда подальше? – спрашивал он восторженно Лебедева во время своих визитов к нему в изолятор.

– Нет, Вась, не боюсь, – спокойно отвечал ему Платон, известный своей независимой манерой держаться. «Шпана» и «члены ОПГ» – наиболее частые существительные, которые Платон использовал в адрес членов следственной бригады и их начальства в своих многочисленных заявлениях о преступлении. Шпаной и преступниками он называл следователя Каримова и генпрокурора Устинова, замгенпрокурора Бирюкова, затем – пришедших им на смену Чайку и его зама Гриня, прокуроров Шохина и Лахтина...

Он обвинял их в служебных подлогах, злоупотреблении властью и иных преступлениях против правосудия, государственной власти и прав личности.

Для шпаны это было в диковинку. Ну в том плане, что никогда еще этих товарищей не называли в официальных бумагах тем, чем они являлись в действительности. Шпана терялась и не знала, как на это реагировать. И формально не реагировала – не отвечала на его заявления о преступлении вообще. Ни одного иска в суд за оскорбления... С Лебедевым как-то боялись лишний раз связываться. И он все 10 лет лагерей публично называл исполнителей и их начальство так, как считал нужным, – шпаной.

Алексанян обожал Платона. За эту его мужественность, энергетику, независимый нрав, благородство, с которым тот держался, за непарламентскую лексику, наконец, и, конечно, за ум.

Лебедевский темперамент был Алексаняну близок. Ходорковского он не всегда понимал. А Лебедев был свой в доску.

И, кажется, именно лебедевскую манеру вести себя в экстремальных обстоятельствах неволи он возьмет на заметку. В этом было что-то ученическое.

– Платон Леонидович, а с «ними» можно как-то договориться, как вы думаете? – спрашивал он сидящего Лебедева в тот период, когда аресты в ЮКОСе набирали обороты день ото дня.

– Вася, там не с кем договариваться. Там уже все понятно. Им это вообще не интересно. Решение уже принято, – отвечал тот.

Осенью 2005 года Платона этапируют в колонию за Полярным кругом, в поселок Харп, потом будет второе дело, следствие в Чите, суд в Москве, этап в Поморье... Они с Алексаняном больше никогда не увидятся. Лебедев и МБХ будут освобождены через два года после его ухода из жизни.

Увидит Лебедев только подросшего сына Алексаняна – Георгия. Они подружатся.

Кажется, кто-то там, наверху, от этой дружбы очень счастлив.

2005–2006.
Внутренние воришки и улыбающаяся Русанова

Крупные компании – это как министерства и ведомства, в которых полно интриг и подсиживаний. ЮКОС не стал исключением. И самый пик пришелся на последний год его существования. В 2006 году между офисами ЮКОСа возник конфликт: глава московского офиса Анатолий Назаров игнорировал указание находящегося в Лондоне президента ЮКОСа Стивена Тиди[8]

8 Стивен Тиди (1952 г.р.) – один из руководителей нидерландского фонда Stichtin, управлявшего хранением зарубежных активов ЮКОСа. В 2006 году Генеральная прокуратура РФ возбудила в отношении него, а также Дэвида Годфри, руководителя Group Menatep Ltd Тимо-

назначить на пост первого вице-президента ЮКОС-РМ[9] Романа Хоменко. Назаров снова назначил на эту должность уволенного Лондоном незадолго до этого Станислава Винокурова – он был руководителем торгового дома «ЮКОС–Москва», реализовывавшего нефть и нефтепродукты. В компании знали: у Винокурова родственник – то ли полковник ФСБ, то ли еще какая-то шишка. В феврале 2006 года совет директоров заподозрил Винокурова в продаже нефтепродуктов по ценам ниже рыночных. Рассказывает тогдашний и.о. начальника юруправления Рудольф Мхитарян:

«Это были боковые схемы, компании-посредники... Оказалось, что он и другие товарищи воровали на всем, чем угодно. И лондонский офис снял Винокурова. После этого он и его люди в Москве стали меня прессовать. Сижу в кабинете в офисе, врывается Винокуров: «Вы меня увольняете?! Да как ты мог?! По тебе прокуратура плачет. Не хотите по-хорошему, значит, будем через прокуратуру договариваться».

И внутренние воришки на время захватили власть в компании. Я получал от них на согласование договоры на обслуживание «Томскнефти», различных сбытовых «дочек» ЮКОСа типа ОАО «Самаранефтепродукт», еще каких-то компаний. Договоры по 20 млн рублей за обслуживание каждой компании! Это были неимоверные суммы, взятые с потолка. Нам с Васей, которому я все это показывал (а встречались мы каждый день), было смешно и жутко одновременно. Я, естественно, большими жирными буквами ставил «нет», после этого Назаров мне звонил: «Ну-ка, немедленно подписать». Но я его посылал – у меня была доверенность от Тиди, я подчинялся непосредственно только ему и Дэйву Годфри.

Как-то мне звонит один из членов совета директоров, мой подчиненный Илья Марков, и говорит: «Мы у Винокурова в кабинете сидим, можете зайти?» Я зашел. Марков говорит: «Либо вы сейчас подписываете документы об аннулировании решения о его увольнении, либо прямо сейчас за вами приедут». Винокуров из кабинета отошел, сказав, что вернется через час. Кабинет заперли. Я прямо оттуда звоню Стивену Тиди в лондонский офис и говорю: «Стив, вот такая ситуация: сижу в кабинете у Винокурова, который меня запер, требует подписать документы». Тиди говорит: «Слушайте, это уже надоело. Не будем рисковать жизнями людей. Ну подпишите». Я звоню Винокурову: «Ну что,

---

ти Осборна и бывшего финансового директора ЮКОСа Брюса Мизамора уголовное дело по подозрению в присвоении или растрате вверенного имущества и легализации доходов, полученных преступным путем. Выехал в Великобританию, опасаясь уголовного преследования.

9 Одна из управляющих компаний ЮКОСа, отвечавшая за переработку и сбыт продукции и фактически распоряжавшаяся производственными активами всей нефтяной компании.

Станислав, приезжай, вроде как бы Тиди дал добро». И он такой радостный: «Да, через 20 минут буду». И тут мне звонит Вася, словно почувствовал. Я ему все рассказал. «Да вы дураки, это нельзя подписывать! Ни в коем случае нельзя уступать! Сейчас я позвоню Тиди, погоди». И он звонит Тиди и говорит, что нельзя вести никаких переговоров с террористами. Вот это в Васином духе. Тиди после разговора с Васей перезванивает мне и говорит: «Знаете, Рудольф, я не могу вам приказывать, конечно, но если можете, то не подписывайте». Я про себя: «Господи! Вася его уломал!»

И вот кабинет снаружи открывает радостный Винокуров, заходит как Наполеон на коне: «Ну что, подписал?» Я говорю: «Нет». «Ты же мне сказал...» Я ответил: «Тиди передумал». Винокуров был в шоке.

А через полчаса мне вручили повестку в прокуратуру. Также повестку вручили первому вице-президенту «ЮКОС-РМ» Роману Хоменко, после чего он уволился. Я же пришел в прокуратуру. Там меня ждала следователь Татьяна Русанова. Я ей сказал: «Вы не тех прессуете. Вот воры – Назаров и его люди, они воруют. Вы их вызывайте». Русанова заулыбалась. Она всегда так улыбалась, мол, ничего личного.

Помню, я неделю ходил в прокуратуру по повесткам. Был март 2006 года. В прокуратуре меня держали с 9 утра до 5 вечера. При этом сам допрос заключался в паре вопросов. Русанова для вида меня сначала о чем-то спрашивала. А потом шли просто беседы ни о чем. Я прекрасно понимал: им в принципе нужно, чтобы я не ходил на работу. Не мешал грабить компанию. Я повторял Русановой: «Вы не тех прессуете. Вот воры, которые засели в компании сейчас, – Винокуров, Назаров. Арестуйте их, мы именно с ними боремся, а не с властями».

Русанова опять улыбалась.

Винокуров потом возглавил «ЮКОС-РМ» и продолжал вместе с Назаровым воровать. Впоследствии против них и адвоката Лечбинской завели уголовное дело как раз за воровство. Винокуров, правда, сбежал в Германию, адвокат — в Швейцарию. А Назарова в силу преклонного возраста и заслуг перед нефтяной отраслью страны приговорили к трем годам условно. Выяснилось, что изначально крышевал Винокурова тогдашний руководитель Росрезерва Александр Григорьев [10], друг Путина. Ну а потом, видимо, крыши не осталось.

---

10 Григорьев Александр Андреевич (1949–2008). С 1975 года вместе с Владимиром Путиным служил в Управлении КГБ СССР по Ленинграду и Ленинградской области. В 1983–1985 годах являлся сотрудником представительства КГБ СССР при органах безопасности Демократической Республики Афганистан. После служил на различных должностях в ленинградском управлении КГБ (до заместителя начальника управления включительно) и ФСБ РФ. В 1998 году был назначен заместителем директора ФСБ РФ. Директором ФСБ в то время являлся Владимир Путин. В 2001 году стал генеральным директором Российского агентства

Сечин. Дело пахнет керосином

В 2006 году вместе с Мхитаряном в прокуратуру на допросы также активно вызывают формально уже не имевшего отношения к компании Алексаняна. Пока – в качестве свидетеля по уголовному делу о хищении акций нефтедобывающих и нефтеперерабатывающих предприятий, в том числе ОАО «Томскнефть». За это, на два года раньше Алексаняна, арестуют и в дальнейшем приговорят к 6,5 годам колонии Светлану Бахмину. Алексанян будет говорить, что обвинение против него строили на ее показаниях – женщины, которую следствие шантажировало детьми. Я эти показания не читала. В любом случае, какими бы они ни были, не мне судить. Показания все равно Светлану не спасли. И над ее маленькими сыновьями Генпрокуратура не сжалилась ни разу. Жалость – это вообще не про наши следственные органы и суды. Бахмина пройдет очень суровый мордовский лагерь, с боем, при большой общественной поддержке, добьется условно-досрочного освобождения и выйдет с новорожденной дочкой на руках.

Бахмина изначально ответит согласием на мою просьбу поделиться воспоминаниями о Василии Алексаняне. Попросит выслать предварительные вопросы. Но потом, как мне показалось, резко передумает. Будет постоянно ссылаться на занятость. И за целый год, в течение которого я еще несколько раз напоминала ей о своей просьбе, так и не найдет времени встретиться или хотя бы ответить письменно.

...Весна 2006 года для ЮКОСа выдалась наиболее тяжелой. Компания еще существовала, но она уже была «Титаником» в стадии полупогружения в океан. Арбитражный суд ввел в ЮКОСе процедуру банкротства и назначил там близкого «Роснефти» временного управляющего Эдуарда Ребгуна. Основное руководство сидело, сотрудников среднего звена арестовывали, люди увольнялись, кто мог себе позволить – уезжали из страны. Некоторые сотрудники в компании еще оставались, но основное рабочее время проводили не в офисах, а на допросах в Генпрокуратуре. Да и в сами офисы ЮКОСа как к себе на работу с обысками то и дело наведывались сотрудники Генпрокуратуры во главе со следователем Татьяной Русановой, любившей изучать таблички на кабинетах со словами: «О, а ктой-то здесь у нас такой сидит».

Давно не сидевший ни в одном кабинете ЮКОСа Алексанян, ведая или не ведая, в тот момент сам добровольно лез в петлю. В начале 2006 года ему пришла в голову идея, которая привела всех его знакомых и друзей в крайнее

по госрезервам, которое затем было отнесено к ведению Минэкономразвития. Имел звание генерал-полковника ФСБ.

замешательство. Он решил занять пост исполнительного вице-президента ЮКОСа и тем самым, как он распланировал, попытаться грамотными шагами юриста все же спасти компанию от уничтожения.

Не то чтобы кто-то из друзей и коллег сомневался в его профессионализме, энергии и таланте. Скорее всего компанию он бы смог спасти, но при одном условии – если бы события разворачивались в стране, где суд как институт права все же работает, а оппоненты играют по правилам. Но оппоненты были с какими-то неприлично бандитскими повадками, а суд постепенно переставал существовать. И вроде бы всем это уже было очевидно. Кроме почему-то Василия.

– Вася, да ты офигел, – прямо говорил ему Антон Дрель и советовал уезжать из страны.

Но Алексанян никуда уезжать не собирался, жизнь в эмиграции он для себя не представлял. Он уже ненадолго, в 2003-м, после ареста руководства, уезжал в Лондон, когда ему сказали, что лично над ним тоже нависла угроза. Но через два месяца вернулся, сказав друзьям, что «это не мое» и «там скучно». Еще бы – без привычного окружения, без родителей и интересной работы.

Но окружение и работа на родине стремительными темпами подвергались судьбоносным изменениям. Что оставалось неизменным, так это характер Алексаняна: если он что-то вбивал себе в голову, переубедить его было нереально. Нарастающие как снежный ком проблемы у компании, аресты, эмиграции, «Байкалфинансгрупп» (этот шулерский аукцион, устроенный «Роснефтью» с целью отъема основной нефтедобывающей компании ЮКОСа – «Юганскнефтегаза»), вызовы на допросы его самого – все это Алексаняна ни разу вплоть до ареста не отрезвляло. Им двигало желание ввязаться в борьбу, отстоять ЮКОС и его сотрудников. Еще в 2003-м, вернувшись из той вынужденной «скучной» ссылки, он первым делом попросит взять его в команду защитников Платона Лебедева, затем положит адвокатский ордер и в дело МБХ. И когда ему говорили: «Уезжай», он не понимал: как – все взять и бросить? Как можно позволить шпане все растащить? Как можно загубить лучший корпоративный юридический департамент?

Дрель говорит, что Василий был тогда настроен по-боевому. Ему хотелось воевать и побеждать. Ну и чего лукавить – Алексаняну одновременно хотелось и поруководить ЮКОСом. Корону к тому времени поправлять на его голове было уже некому.

В тот период он с энтузиазмом рассказывал друзьям про Олега Дерипаску, с которым встретился и который вроде как выразил интерес поучаствовать в банкротстве ЮКОСа, что, по мнению Алексаняна, как-то могло помочь спасти компанию. У Алексаняна была в голове своя конспирологическая версия: Дерипаска – член семьи Ельцина (на тот момент), а если Семья *вписывается*, то все сложится благополучно.

«Не то чтобы Вася на это сильно надеялся, – отмечает Дрель. – Для него был важен сам факт того, что он пришел к человеку такого ранга как Дерипаска, и что этот человек сказал: «Мне интересно, давайте обговорим условия сотрудничества». Вася считал, что если Дерипаска сразу его не отверг, значит, он подписался на то, чтобы как-то облегчить участь ЮКОСа. Я уверен, он Васе ничего не обещал. Дерипаске, видимо, было просто любопытно посмотреть, что из этого выйдет».

Из этого ничего не вышло.

«Поскольку Вася сам парень честный, то он верит, что другие – люди порядочные. Он просил гарантии, Дерипаска ему подтвердил, что гарантии на самом верху взяты. Я априори не поверил бы Дерипаске, – говорит Леонид Невзлин. – А Вася был другой человек. Он реально считал людей изначально хорошими. А тут были реально плохие люди. И они его подставили. Я не говорю, что Дерипаска хотел, чтобы Алексанян в тюрьму попал. Думаю, он просто хотел ЮКОС, и ему было, по большому счету, пофигу, с кем он ведет переговоры – Алексанян не Алексанян. Ничего личного».

В тот период у друзей Василия в мыслях (и не в мыслях тоже) крутилось много непарламентской лексики, когда они слушали одну за другой его идеи. Только вот сам он никого не слушал, хотя зачем-то советовался.

Главная идея Алексаняна заключалась в изменении структуры управления ЮКОСом. Менять эту структуру было необходимо. К тому моменту руководство «дочки» ЮКОСа – ЗАО «ЮКОС-РМ» (которая, напомню, управляла производственными активами всего холдинга), отказалось подчиняться лондонскому офису и не скрывало своей лояльности «Роснефти», де-факто и инициировавшей банкротство компании. Алексанян хотел упростить структуру ЮКОСа так, чтобы это позволило исполнять решения лондонского офиса, минуя вышедших из-под контроля и перешедших на сторону «Роснефти» «дочек».

«Я не знаю, честно говоря, как можно было быть уверенным в том, что тебе удастся это сделать в ситуации, когда ЮКОС уже прибрали к рукам и заранее поделили? Неужели он не понимал? – задается вопросом Павел Ивлев. – Ну очевидно было, что ареста при таком раскладе не избежишь. Ну как? Тебя хотят посадить в течение двух лет, но ты все соскальзываешь, тебе удается аккуратно обходить углы, ты остаешься на свободе... К моменту его ареста все, кто хотел и успел, уехали, Свету Бахмину, которая была гораздо ниже рангом Васи в юридической службе, – посадили. И тут он, который ушел из ЮКОСа раньше всех, решил вернуться и спасти компанию... Не знаю, может быть,

Вася считал, что ему удастся что-то такое немыслимое сделать, как-то разрулить ситуацию. Хотя было очевидно, что шансов у него нет.

Но это такой характер – Васин. Он был морально очень сильный человек. Я мало таких встречал – решительных, смелых, которые знают, что они делают. Все, что он делал, он делал осознанно. Он мог при этом ошибаться, безусловно, но если что-то решил – все, точка, это невозможно изменить. Вася – человек, который всегда рисковал. Всю свою жизнь брал на себя риски, которые многие люди, включая меня, не готовы были брать».

Всю зиму и весну 2006 года, вплоть до самого ареста, Алексанян проводил вечера дома у Рудольфа Мхитаряна, и каждый раз там велись одни и те же диалоги.

– Вася, идея с твоим исполнительным вице-президентством прекрасная, но нас тут же арестуют, – говорил Мхитарян, которого в те дни то и дело вызывала на допросы следователь Русанова.

– Да нет, мы найдем ходы, выходы... – куря, запальчиво отвечал Алексанян, которого походы в Генпрокуратуру, казалось, только раззадоривали.

– Там Сечин, Вася. У тебя есть ходы-выходы ближе, чем у Сечина к Путину?

– Да нет... Но ты не понимаешь. Вот сейчас мы им покажем...

– Вася, дело пахнет керосином. Я чувствую.

Но Алексанян, казалось бы, опасности не ощущал абсолютно. И его однокурсник Мхитарян только вздыхал. Вздыхает теперь в разговоре со мной и Армен Микаэлян:

«Он в тот момент готов был чуть ли не в драку лезть. У него такая натура была всегда – и когда он учился на юрфаке, и когда были золотые годы в ЮКОСе, и когда у него не было никаких проблем, и когда проблемы наступили. Он был такой боевой дворовый парень, который чувствует ответственность за весь двор. И когда чужаки приходят, то этот парень отстаивает интересы своего двора. Вот и Вася. Когда чужаки ворвались в его компанию, он стал ее защищать. Для него было не важно, кто перед ним. Против Сечина и силовиков Вася пошел с таким же напором, как дворовый мальчишка против шпаны».

Решительность оппонентов и риск вступать с ними в открытую и демонстративную конфронтацию тогда отчетливо сознавали не только друзья Алексаняна. Абсурд, но относительно здраво в тот предарестный его период вели себя даже следователи. На одном из допросов в марте 2006-го Русанова посоветует Алексаняну «держаться подальше» от ЮКОСа. Когда тот ответит, что от должности вице-президента не намерен отказываться, она произнесет: «Впервые вижу человека, который добровольно идет в тюрьму».

«Не, ну слушай, если меня закроют, это ж тогда всем будет понятно, какое это предвзятое преследование и что «они» просто хотят забрать себе ЮКОС», – говорил он Антону Дрелю. Антон молчал. Действительно, что на это еще ответишь.

Короче, Алексаняна было не остановить. По драматургии укоренившейся на тот момент российской действительности он уже должен был находиться в СИЗО. На плаву его какое-то время держал статус адвоката. Но недолго. Этот статус никому никогда в нашей стране еще не помогал. Адвокатов как сажали, так и сажают, и часто – тех, кто представляет крупный бизнес и мешает его грабить.

Алексаняном, конечно, руководили и чисто мальчишеские амбиции, и желание внешнего уважения, которого, как ему казалось, он так и не дождался от МБХ, и, наконец, желание после истории с «Сибнефтью», когда в объединенной компании он терял должность главного юриста, доказать свою значимость. «Я докажу МБХ, кого он должен был оставлять в компании, а кого убирать», – буквально говорил Рудольфу Мхитаряну.

История с «Сибнефтью», из-за которой Василий вынужден был покинуть ЮКОС, еще долго сидела в нем болезненной занозой.

Ходорковский говорит мне сегодня, что ничего в той ситуации перед сделкой обещать Алексаняну не мог. Под вопросом оставалась не только должность главного юриста, не понятно до конца было, кто возглавит объединенную структуру.

«Если рассуждать логически: сделка с «Сибнефтью» не могла не вызывать у Василия определенных переживаний. Было понятно, что произойдет массовая замена людей на разных постах, в том числе, возможно, в юридическом управлении. И он наверняка переживал, сможет ли сохранить свою позицию. Я этого ему гарантировать, естественно, не мог – я не знал, какая будет конфигурация сделки в целом. Все-таки, извините, но даже пост председателя компании являлся разменной монетой. А уж пост начальника юридического управления – ну это вообще за пределами каких бы то ни было серьезных обсуждений», – отмечает Ходорковский.

Да и момент, когда Алексанян так рвался доказать ему свою нужность, выдался совсем неудачным – над МБХ висело второе дело, а сам он глубоко и надолго погружался в новую и непривычную для себя реальность – на зоне, да еще в Забайкалье.

Алексаняну было уже не 18, и даже не 25. Ему было 34. Но им по-прежнему двигали юношеский максимализм и тщеславие. Не каждому дано. Он чувствовал себя бойцом в ситуации, когда одни сотрудники испугались и уехали (их он считал предателями, о чем рассказ позже), а другие оказались в заложниках в тюрьме. Друзья говорят, что донкихотства в нем было хоть отбавляй. И этим он их порой просто бесил. Из каких таких недр он черпал этот дичайший максимализм, никому было не ведомо.

Статус исполнительного вице-президента ЮКОСа давал широкие полномочия: Алексанян в свои 34 мог чисто теоретически заменить самого Ходорковского. Сам МБХ считает, что поход Алексаняна в ЮКОС был обречен.

«Думаю, для Василия с точки зрения его личных, внутренних амбиций было, конечно, важно в какой-то момент стать председателем или президентом компании. Это вот, ну просто «писец» как круто для него было, – говорит МБХ. – Стать пусть даже на тонущем корабле, но капитаном. Это вот именно такая затмевающая опасность мальчишеская амбиция... По поводу того, занимать ему или не занимать должность исполнительного вице-президента ЮКОСа, он со мной советовался. Я уже сидел. Ко мне в СИЗО приходил адвокат Антон Дрель, его давний знакомый, сказал, что вот Василий спрашивает: становиться или нет? Я вообще как последовательный либерал обычно людям однозначных рекомендаций о том, что им делать со своей собственной жизнью, не даю. Делюсь какими-то своими размышлениями, а выбор они делают сами. Каждый человек – хозяин своей судьбы. Но в данном конкретном случае я был настолько убежден, что этого делать ни в коем случае не надо, и очень четко это озвучил для передачи Василию.

На тот момент было уже понятно: любого, кто попытается поставить барьер между собственностью и алчным Игорем Иванычем (Сечиным. – **Ред.**), просто снесут. Мне казалось, это всем было очевидно. Искренне ли Василий этого не понимал? Не знаю. Он с кем-то вел какие-то переговоры, и ему пообещали поддержку. Я в эту поддержку не верил, потому что уже понимал соотношение сил на арене. А он поверил. Хотя процесс принятия решений уже прошел. Началось раздербанивание ЮКОСа. И я убежден, что его арест – это исключительно сечинская инициатива. Путин к тому моменту уже передал «дело ЮКОСа» Сечину. И тот уже дальше наверху отмашки не спрашивал».

К весне 2006-го работа московского офиса ЮКОСа была парализована.

В конце марта начался арбитражный процесс по банкротству компании. К тому моменту Алексанян уже принял решение занять должность исполнительного вице-президента ЮКОСа. Юруправление подготовило бумаги для подписания. У Мхитаряна до сих пор хранятся оригиналы о назначении...

1 апреля кандидатуру Алексаняна одобрил совет директоров. Через несколько дней он соберет пресс-конференцию, на которой сообщит о планах по спасению компании. Говорят, это окончательно взбесило Сечина.

«Надо просто знать Васин нрав, образ и стиль, – вспоминает те дни Антон Дрель. – Он, заняв должность, сразу пришел к тогдашним менеджерам в ЮКОСе, кто сотрудничал с «Роснефтью», к тому же Ребгуну, и прямо заявил: «Значит, так. Я не против банкротства, но оно должно проходить в интересах всех акционеров ЮКОСа. Будете воровать, ответите». Еще Вася сел в кабинете Ходорковского. Имидж-то надо поддерживать! Говорят, что когда все это передали в Кремль, там рявкнули: «Да вы охренели вообще?! Пресечь». Закрыть Васю – это была, конечно же, прямая команда Сечина. Уверен на 200%».

Незадолго до задержания Алексанян встречался с Дрелем в кафе и как бы между делом обмолвился: «Меня на допрос вызывают, че-то все это стремно». «Давай, вали», – привычно ответит Антон. «Никуда не поеду, – привычно ответит Василий, – они меня пугают. Если бы захотели арестовать, уже давно бы это сделали».

Дрель: «Я слушал его и думал: ну с другой стороны, меня тоже вроде как вызывали на допрос, и обошлось. Может, правда, они его пугают. Ведь мы же с ним проскочили через аресты в 2003–2004 годах. Может, и сейчас проскочим. Вспоминаю 2003–2004: мне тогда девушки в самолетах, с которыми я знакомился, комплименты делали: «Какой вы смелый, Антон, что не уезжаете». Сейчас понимаю: я был не смелый, а глупый. Совсем глупый. Мне просто повезло. И Васе повезло в 2003-м. А в 2006-м уже не повезло».

Арест

В первых числах апреля первый заместитель Генерального прокурора России ***Юрий Бирюков*** лично обратится в Симоновский районный суд Москвы за разрешением привлечь исполнительного вице-президента ЮКОСа к уголовной ответственности. Обвинения – в крупном хищении и отмывании денег в составе орггруппы... Заключение суда Бирюкову и Ко потребовалось из-за того, что у Алексаняна был тот самый процессуальный статус – адвокат.

«Это такой безграмотный документ, как я на него ссылаться-то буду?» – говорил кому-то в трубку полушепотом, спрятавшись от журналистов на первом этаже суда, прокурор ***Валерий Лахтин***. В трубке что-то оживленно в ответ спорило. Алексанян возник на этаже неожиданно: элегантно одетый, внешне абсолютно спокойный.

9

предусмотренных п. п. «а», «б» ч.3 ст.160 УК РФ (в ред. ФЗ от 13.06.96 г.) и ч.4 ст.174-1 УК РФ (в ред. ФЗ от 08.12.03 г.)

Суд, рассмотрев представление, выслушав мнения участников процесса, исследовав представленный в суд материал из Генеральной прокуратуры Российской Федерации находит, что в действиях адвоката Адвокатского бюро «Лекс Интернейшнл» Алексаняна Г.С. содержатся признаки преступлений, предусмотренных п.п. «а», «б» ч.3 ст.160 УК РФ (в ред. Федерального закона от 13.06.96 г.) и ч.4 ст.174-1 УК РФ (в ред. Федерального закона от 08.12.03 г.).

На основании изложенного, руководствуясь ст.448 УПК РФ, судья Симоновского районного суда г. Москвы дает следующее

З А К Л Ю Ч Е Н И Е :

1.Представление Первого заместителя Генерального прокурора Российской Федерации Бирюкова Ю.С. о даче судом заключения о наличии в действиях адвоката Адвокатского бюро «Лекс Интернейшнл» Алексаняна Василия Георгиевича, имеющего номер №77/3156 в реестре адвокатов Адвокатской палаты г.Москвы признаков преступлений, предусмотренных п.п. «а» «б» ч.3 ст.160 УК РФ (в ред. Федерального закона от 13.06.1996) и ч.4 ст.174-1 УК РФ (в ред. Федерального закона от 08.12.2003 г.) – удовлетворить.

2. Признать наличие в действиях адвоката Адвокатского бюро «Лекс Интернейшнл» Алексаняна Василия Георгиевича признаков преступлений, предусмотренных п.п. «а», «б» ч.3 ст.160 УК РФ (в ред. Федерального закона от 13.06.1996) и ч.4 ст.174-1 УК РФ (в ред. Федерального закона от 08.12.2003 г.)

Настоящее заключение может быть обжаловано в Московский городской суд в течение 10 суток со дня его вынесения.

Судья:

КОПИЯ ВЕРНА
Судья
Секретарь

СИМОНОВСКИЙ РАЙОННЫЙ СУД Г. МОСКВЫ

Фрагмент постановления судьи Симоновского суда Ирины Орешкиной, 5 апреля 2006 года.

– Виновным себя не считаю, – на ходу отвечал он журналистам. – Никуда не скрываюсь, остаюсь в России. Будем проходить все судебные стадии. Я два года ходил на допросы, и ко мне никаких претензий не было. Сейчас они появились. По-моему, все ясно.

– Василий Георгиевич, а какие у вас задачи на посту вице-президента ЮКОСа?

Он ждал этого вопроса.

– Кто бы ни банкротил ЮКОС, все должны понимать, что все его активы находятся в дочерних предприятиях. И если не установить над ними контроль, то через несколько месяцев никто уже ничего не получит. Мы уже имеем пример предъявления к погашению поддельных векселей на 318 миллионов долларов, и эта проблема будет расти как снежный ком... Сегодня перед визитом в суд я получил ряд бумаг из московского офиса компании, с которыми еще не успел ознакомиться. Не исключаю, что не успею их прочитать, – даже как адвоката меня хоть сейчас могут задержать на 48 часов до предъявления обвинения без санкции суда.

– А почему вы отказались эмигрировать, как некоторые другие ваши коллеги?

– Это моя гражданская позиция. Я уверен, что справедливый суд установит отсутствие оснований для привлечения меня к уголовной ответственности. Я не политическая фигура. Хотя я, конечно, опасаюсь развития событий по пессимистическому сценарию[11].

Суд даст добро на преследование Василия, несмотря на статус адвоката. К вечеру 5 апреля оперативники остановят машину Алексаняна (его самого там не было), выкинут из нее водителя и охранника с криками «где он?». Ближе к ночи представители Генпрокуратуры обыщут его загородный дом «Горки-2» и ту самую родительскую квартиру в Москве на улице 26 Бакинских Комиссаров, где Василий Алексанян был прописан. Операция увенчалась успехом: перепугали родителей, 4-летнего сына и зачем-то изъяли, помимо адвокатских документов, деньги и коллекцию подарочных швейцарских часов.

«Когда они изъяли часы, я смеялся и спрашивал: не обвиняюсь ли я в ограблении часового магазина? Видимо, кто-то сейчас их носит – да отсохнут у них руки, прости меня, Господи!» – скажет он спустя 5 лет[12], уже на свободе, буквально за несколько месяцев до своего ухода. Деньги исчез-

---

11 «Меня хоть сейчас могут задержать на 48 часов». Екатерина Заподинская, «КоммерсантЪ», 04.04.2006.

12 «Они меня кошмарят каждый день». Неопубликованное интервью Василия Алексаняна The New Times. Зоя Светова. № 33 (218) от 10 октября 2011 г.

нут. Часы удастся вернуть лишь после огласки истории в СМИ. Уже после его смерти.

...Антон Дрель сидел вечером 5 апреля в кафе с французской журналисткой Дельфин Тувено. Она писала для «Франс-Пресс» заметку про Краснокаменск и Харп, куда этапировали Ходорковского и Лебедева. Антон рассказывал о быте и нравах этих мест, когда на мобильный раздался звонок от Алексаняна: «У меня дома обыск. Что ты думаешь об этом?» Антону очень хотелось обрушиться на друга матом, но при даме пришлось сдержаться: «Вась, ну мы вчера с тобой встречались и говорили. Что я думаю, ты знаешь – вали!» – «Ну ладно, ладно...»

До его задержания оставались сутки. Ему в течение этих часов позвонит председатель совета директоров ЮКОСа Виктор Геращенко и скажет: «Парень, держись, мы должны победить».

Они не победят.

В два часа дня 6 апреля в квартиру на Земляном Валу, где Алексанян был у знакомой, ломились оперативники, а сотрудники МЧС выпиливали входную дверь. Квартиру брали, словно там укрывался глава подпольного бандформирования. Василия и его охранника повалили на пол, хотя они не оказывали никакого сопротивления. Следом Алексаняну зачитают решение суда, наденут наручники и увезут на допрос в следственное управление Генпрокуратуры в Техническом переулке.

Все, что осталось от того дня, – кадры оперативной съемки, попавшей в распоряжение «Коммерсанта» и НТВ. Вот его валят на пол, вот ведут уже в наручниках к машине...

«Я очень хорошо помню день задержания Алексаняна, – говорит шеф-редактор «Новой газеты» Сергей Соколов. – Мы в тот день с Анной Политковской сидели в кабинете руководителя следственной группы, если мне не изменяет память, – Туманова, который вел тогда «дело ЮКОСа». Нас опрашивали по поводу одной провокации, смысл которой сейчас не так уж важен (там шел разговор о «спецоперации спецслужб»: в «Новую газету» пришел человек, рассказавший, что якобы кто-то пытался насильственным образом освободить Ходорковского из Краснокаменской колонии). Так вот, пока нас опрашивали, шло задержание Алексаняна – и следователю звонили то опера, радостно сообщавшие, что «взяли», то зам генерального прокурора Бирюков, оравший в трубку. Бирюков требовал посекундного отчета, и даже аргументы следователя о том, что он не может говорить, поскольку у него на опросе «Новая газета», воздействия не имели. Потом Алексаняна привели – показали в дверном проеме в наручниках – и увели, после чего наш опрос моментально свернули. Не знаю, к чему вспомнилось. Наверное, к тому, что исполнителей нужно знать поименно».

Бирюков через несколько лет после этих событий напишет книгу «ЮКОС» – без политики» и получит должность сенатора. Про его роль в смерти Алексаняна и роли других исполнителей еще расскажу.

Исполнительного вице-президента ЮКОСа, продержавшегося в этой должности меньше недели, оставят на ночь до суда в ИВС (изолятор временного содержания) на Петровке, 38. В протоколе личного обыска изъятыми будут значиться нательный армянский крестик, две пачки сигарет Camel, наручные часы и зажигалки. Загранпаспорта – главного свидетельства того, что он якобы собирался скрыться, – с собой у Алексаняна не было.

Когда Василия арестуют, его верный друг и коллега Рудольф Мхитарян будет в командировке в Лондоне, из которой уже не вернется.

«В тот день, 6 апреля, я сидел на встрече в переговорной комнате гостиницы «Хилтон Паддингтон». Были Стивен Тиди, Дэйв Годфри, Юрий Бейлин[13] и я. Обсуждали проблемы, в том числе действия Винокурова, Назарова, я докладывал, как они полностью саботируют работу, не выполняют указы лондонского офиса, воруют; как меня, Васю и других то и дело вызывают в прокуратуру... И вот мы обсуждаем все это. Бейлин параллельно мониторит новости из Москвы в режиме онлайн и вдруг произносит: «О, Васю задержали». Потом звонок из Москвы, подтверждение. И Тиди мне говорит: «Все, нам надоело рисковать жизнями. Ты остаешься здесь». И я остался.

Первое время за границей у меня была жуткая растерянность. Это был самый тяжелый период. Я не понимал, что здесь делать мне, моей жене, детям. Несмотря на то что Вася сидел, я не закрывал для себя возможность со временем вернуться. Только на восьмой месяц принял окончательное решение, чтобы семья переезжала ко мне. В конце 2006 года в России поднялись националистические настроения в отношении грузин: их выдворяли из страны, власти ходили по школам и спрашивали: «Где грузинские дети?» Это для меня стало последней каплей. Жене я сказал: «Все, приезжайте». Сегодня грузины, завтра армяне, послезавтра евреи... Если против ЮКОСа шла да, совершенно неправильная, но корпоративная война, то выдворение по национальному признаку – это уже война против отдельного народа. Вот так произошла моя эмиграция – неожиданно и незапланированно. И началась совершенно другая жизнь. А Вася остался там, в СИЗО, в России...»

---

13 Бейлин Юрий Аркадьевич (1962 г.р.). Работал в ЮКОСе с 1996 года. Занимал должность вице-президента компании, в 2004 году стал также заместителем председателя правления ЮКОСа, предпринимал попытки отстоять активы компании за рубежом. В 2005-м вынужден был уехать в Великобританию из-за угрозы уголовного преследования «по делу ЮКОСа» и ареста, вскоре российская Генпрокуратура объявила его в международный розыск.

ПОСТАНОВЛЕНИЕ

об избрании меры пресечения в виде заключения под стражу

Москва 07 апреля 2006 года

Судья Басманного районного суда Москвы Ярлыкова Е.Н. с участием старшего прокурора отдела по надзору за расследованием особо важных дел управления по расследованию особо важных дел Генеральной прокуратуры Российской Федерации Лахтина В.А., обвиняемого Алексаняна В.Г., адвоката Дангяна Г.А., предоставившего удостоверение № 2136 и ордер № 154 от 07 апреля 2006 года, при секретаре Коротовой Е.Г., рассмотрев постановление следователя по особо важным делам Генеральной прокуратуры Российской Федерации Туманова М.В. о возбуждении перед судом ходатайства об избрании меры пресечения в виде заключения под стражу в отношении Алексаняна Василия Георгиевича, 15 декабря 1971 года рождения, уроженца г.Москвы, гражданина Российской Федерации, имеющего высшее юридическое образование, являющегося адвокатом Адвокатского Бюро « Лекс Интернейшнл» адвокатской палаты г.Москвы, зарегистрированного по адресу: [redacted], холостого, имеющего малолетнего ребенка 2002 года рождения, ранее не судимого, обвиняемого в совершении преступлений, предусмотренных п.п. «а, б» ч.3 ст.160 УК РФ (в редакции Федерального законна №64 от 13 июня 1996 года) и ч.4 ст. 174.1 УК РФ (в редакции Федерального закона № 162-ФЗ от 08 декабря 2003 года), проверив представленные материалы, заслушав мнение прокурора, обвиняемого, адвоката,

УСТАНОВИЛ:

Органами предварительного расследования Алексанян В.Г. обвиняется в том, что в период 1998-1999 годов он в составе организованной группы совершил присвоение, т.е. хищение чужого имущества, вверенного виновному, с использованием своего служебного положения, в крупном размере, а также в совершении финансовых операций и других сделок с ценными бумагами (акциями) в крупном размере, приобретенными лицом в результате совершенного им преступления, при обстоятельствах, изложенных в постановлении следователя.

Настоящее уголовное дело в отношении Невзлина Л.Б. по ч.2 ст.198 УК РФ выделено в отдельное производство 08 января 2004 года из уголовного дела, возбужденного Генеральной прокуратурой Российской Федерации 20 июня 2003 года по фактам причинения имущественного ущерба государству, ОАО «Апатит» и умышленного неисполнения вступившего в законную силу решения суда, по признакам преступлений, предусмотренных п. «б» ч. 3 ст.165, ч.3 ст.285, ст.315 УК РФ.

В последующем указанное уголовное дело постановлением первого заместителя Генерального прокурора Российской Федерации было соединено в одно производство с рядом других уголовных дел, в том числе и с уголовным делом, возбужденным 26 января 2000 года прокуратурой Москвы по факту умышленных действий руководителей ЗАО «Роспром» по незаконному отчуждению принадлежащего государству пакета акций ОАО «Томскнефть» по признакам преступления, предусмотренного ч.2 ст.201 УК РФ, и 01 марта 2005 года принято к производству следователем по особо важным делам Генеральной прокуратуры Российской Федерации Тумановым М.В.

Срок производства предварительного следствия по уголовному делу продлен первым заместителем Генерального прокурора Российской Федерации до 02 июня 2006 года.

06 апреля 2006 года судьей Симоновского районного суда Москвы дано заключение о наличии в действиях Алексаняна В.Г. признаков преступлений, предусмотренных п.п. «а», «б» ч.3 ст. 160 УК РФ (в редакции Федерального закона от 13 июня 1996 года) и ч.4 ст. 174.1 УК РФ (в редакции Федерального закона от 08 декабря 2003 года).

06 апреля 2006 года в 14 часов 50 минут Алексанян В.Г. был задержан в порядке ст. 91, 92 УПК РФ.

Стр. 60-61. Постановление судьи Басманного суда Москвы Елены Ярлыковой, 7 апреля 2006 года.

Избрать обвиняемому Алексаняну Василию Георгиевичу, 15 декабря 197 года рождения, уроженцу г.Москвы, гражданину Российской Федерации, имеющему высшее юридическое образование, являющемуся адвокатом Адвокатского Бюро « Лекс Интернейшнл» адвокатской палаты г.Москвы, зарегистрированному по адресу: ████ ████████ холостому, имеющему малолетнего ребенка 2002 года рождения, ранее не судимому меру пресечения в виде заключения под стражу.

Настоящее постановление может быть обжаловано в Московский городской суд в течение 3 суток со дня его вынесения.

Судья Е.Н.Ярлыкова

Копия верна
Судья:
Секретарь:

Басманный районный суд г.Москвы
Постановление вступило в законную силу «31» ... 2006 г.
Судья
Секретарь

Прошито и пронумеровано ... листах
Судья
Секретарь

Похождения «Роснефти» в Армении

Через какое-то время уедет с семьей еще один друг Василия, Армен Микаэлян – директор армянской «дочки» ЮКОСа – компании Yukos CIS Investments. Уедет после прямых угроз юристов «Роснефти» и силовиков, специально приехавших в Ереван, чтобы заполучить печати и уставные документы Yukos CIS. Армен печати не отдаст...

Он был однокурсником Алексаняна. Единственный из юрфаковской тусовки студентов-армян в окружении Василия, кто после окончания МГУ вернется в Армению, – правда, успев отучиться, как и Василий, в Гарварде. В начале 2000-х, когда ЮКОСу нужно было выходить на страны СНГ, Алексанян вспомнит о своем однокурснике. Микаэляну можно было доверять. С 2001 года он начнет представлять подразделение «ЮКОС-Армения», став директором зарегистрированной в Ереване компании Yukos CIS Investments. И автоматически, сам того не подозревая, попадет в будущее «дело ЮКОСа». О том, что такое дело будет, в начале 2000-х, впрочем, никто в компании не подозревал.

...Акции армянской Yukos CIS Investments «Роснефть» приобретет в 2007 году – при продаже активов признанного банкротом ЮКОСа. Приобретет по дисконту – за $1 млн, в то время как армянская «дочка» ЮКОСа владела через нидерландский траст активами на $400 млн. ЮКОС оспорит сделку в международных судах.

В 2015 году окружной суд Амстердама приобщит к делу электронные письма юристов «Роснефти», из которых следовало, что компания господина Сечина давала указания армянскому судье обеспечить нужное ей решение в местных разбирательствах с ЮКОСом. Юристы «Роснефти» иногда сами писали проекты решений за судью, у них были даже бланки армянских судов. Причем в одном случае юристы «Роснефти» продолжали работать над текстом решения уже после того, как судья удалился для его вынесения в совещательную комнату... В это трудно поверить, но это было. Подлинность электронных писем «Роснефть» оспорить не решилась и заключила с оппонентами мировое соглашение, в результате чего ЮКОС подтвердил свое право собственности на активы, в том числе Yukos CIS.

Армянский судья Сурен Казарян, которому «Роснефть» давала указания, как и что «выносить» по «делу ЮКОСа» впоследствии вместе с семьей получил политическое убежище в Америке и выступал в качестве свидетеля в голландском суде. Рассказывал, что принимал решения в пользу «Роснефти» под давлением сверху: «Все армянские судьи, которые вели связанные с ЮКОСом дела, получили четкое и недвусмысленное послание: принимай решения в пользу «Роснефти». Его слова подтвердил лабораторный тест флешки, которую ему давало начальство, – с готовым, по сути, решением. Голландские судьи, работающие в стерильной обстановке, были, мягко говоря, в шоке.

Находившийся в гуще тех событий Армен Микаэлян говорит мне сегодня, что период 2006–2008 в его жизни напоминал фильм про Джеймса Бонда.

Микаэлян: «Моя история в рамках «дела ЮКОСа» началась за пару месяцев до Васиного ареста, в феврале 2006 года. Ко мне в Армению приезжала из Москвы прокуратура. Я в тот день находился в Тбилиси по делам. Мне звонят из офиса: «Тобой интересуется следователь по особо важным делам Фарит Ганиев...» Ганиеву нужна была вся документация по «ЮКОС–СНГ». Он ее из «ЮКОС-Армении» изъял, сделал опись изъятого и уехал, так и не дождавшись меня. Признаюсь: я был напуган. Вернулся в Армению только через два дня, когда источники передали, что все нормально и можно возвращаться. Потом вроде бы все поутихло, от московских следователей не было никаких вестей. А потом задержали Васю.

Так совпало, что, когда с ним происходил самый ад – когда его не выпускали, мордовали и мучили, – я вынужден был уехать с семьей в Штаты. К тому моменту очередь уже дошла до меня. В 2007 году в Москве прошли аукционы, на которых распродавалось имущество ЮКОСа с целью покрытия долгов. Компанию вовсю банкротили. Основные активы, включая акции армянской Yukos CIS, на этих аукционах за бесценок приобрела «Роснефть».

Целых полтора года после этого людей от «Роснефти» в Армении не было. Но в октябре 2008 года два их адвоката приехали в Ереван и нашли меня. Они оказались в шоке от того, что я не захотел с ними сотрудничать. По их представлению, они купили «ЮКОС-Армению» на московском аукционе, а я был чисто формально сотрудником этой компании, который просто и легко должен сейчас перейти в подчинение к ним и исполнять их команды. Когда же я им заявил, что вообще-то оспариваю легитимность приобретения ими акций Yukos CIS по причинам юридическим и не только, они раскрыли рты от удивления. Это были Никита Толстиков и Алексей Матросов – юристы из подразделения «Роснефти», которое управляло зарубежными активами. Они не ожидали, что я консолидируюсь с менеджментом ЮКОСа. И когда они увидели в доверенностях, которые я получал, фамилию «Ходорковский», то сделали распальцовку: «Да ты вообще понимаешь, кого ты представляешь и кого представляем мы? Зачем ты бодаешься? Не знаешь, кто за нами стоит и от чьего имени мы тебе говорим, что у тебя будут проблемы?» Дословная фраза.

Тогда я считал чуть ли не героизмом – быть в гуще тех событий. По «ЮКОС-Армении» были подключены не только юристы «Роснефти», но и силовики. ***Лариса Каланда***[14] приезжала в Армению много раз, встречалась с генеральным прокурором по моему делу... Сейчас понимаю: я сильно рисковал. Вообще сомнения, как поступать и как себя вести на всем протяжении «дела ЮКОСа» – а длится оно до сих пор, – возникали у очень многих. Некоторые люди свою карьеру и жизнь посвятили этому делу – борьбе за ЮКОС, за сотрудников. А некоторые... Шли и давали показания против своих бывших коллег. Иногда думаю: может быть, мне тогда лучше было бы заняться более тривиальными вопросами обычной адвокатской деятельности или бизнесом. Но здесь наложилось очень много человеческого фактора, эмоций, личных взаимоотношений...

Армения страна маленькая, все друг друга знают, приехавшие адвокаты «Роснефти» узнали, что я еще и однокурсник «того самого» Алексаняна, мол, «и поэтому таким образом себя веду». «Теперь все ясно, откуда ветер дует!» – негодовали они. Я им спокойно отвечал: «Друзья мои (в кавычках разумеется). Я прекрасно понимаю, с кем имею дело. Я отдаю себе отчет, насколько вы влиятельны в армянских судах. Но компанию я вам не передам».

«Против кого ты воюешь?» – юристы из «Роснефти» упорно продолжали склонять меня к тому, чтобы побыстрее договориться. Они сказали, что лично мне вреда причинить не хотят. Должен заметить, к их чести: чисто по-человечески они понимали, что я не могу себя иначе вести, потому что Вася находился в тюрьме. Они посоветовали мне уехать из Армении. Один из них, кажется, Никита Толстиков сказал: «Нам самим неприятно то, что происходит с вашим товарищем, но это не в наших силах остановить. Маховик уже запущен. Мы приехали сюда по конкретному делу, нам нужно вернуться в Москву

---

14 Каланда Лариса Вячеславовна (1964 г.р.) – заслуженный юрист Российской Федерации. Жена Владимира Каланды, генерал-полковника ФСБ, который до 2016 года являлся первым заместителем директора Федеральной службы по контролю за оборотом наркотиков (ФСКН). Директор этой службы Виктор Иванов – соратник Владимира Путина еще со времен службы в КГБ. До ФСКН Каланда работал секретарем в президентской комиссии по назначению федеральных судей. Сама Лариса Каланда сделала головокружительную карьеру в нефтяной отрасли. В течение девяти лет была топ-менеджером ТНК и ТНК-ВР. Затем ушла в «Роснефть», где с 2006 по 2016 год занимала ключевые должности: главный юрист, вице-президент по правовым вопросам и защите активов компании, руководитель аппарата компании, заместитель председателя правления, вице-президент по взаимодействию с органами власти. С помощью Ларисы Каланды «Роснефть» отбивалась в российских судах от претензий акционеров разоренного ЮКОСа, а позднее – от исков главы Фонда борьбы с коррупцией Алексея Навального, который требовал от «Роснефти» раскрытия отчетности. Ларису Каланду называли наиболее близкой фигурой к Игорю Сечину. Однако в мае 2016 года она неожиданно покинула «Роснефть» и перешла на должность вице-президента «Транснефти» – нефтепроводной компании, также контролируемой государством. Между этими двумя госкомпаниями часто возникают трения. По данным деловых СМИ, причина ухода Каланды из «Роснефти» была в рабочих разногласиях с Сечиным.

с печатью компании. Мы не хотим, чтобы вы оказались в такой же ситуации, как и ваш друг».

Но печати я им не отдал, сказав, что контроль над компанией они получат исключительно в судебном порядке.

Я не считаю себя лучше других. Я поступил так, как бы поступили на моем месте Вася, Рудольф, Паша... Более того, мой отец (а для меня, как и для всех армян, очень важно, что считает отец) сказал, что я достойно себя веду. Хотя таким образом я подвергал риску бизнес отца – он всю жизнь занимался строительством. А в Армении как легко оказаться в фаворе, так и очень легко оказаться в опале. Что-то не так пошло – и буквально в одночасье все можно потерять.

Но семья меня поддерживала. И друзья. Мне не надо было каждый день им звонить и спрашивать совета: «А что сказать людям из «Роснефти»?» Ты знал, какой поступок будет правильно расценен, а какой нет. Все взрослые люди. Понятия *хорошо* или *плохо* не надо было никому разъяснять. Все равно окружающие поймут, действовал ты по совести или против совести.

В общем, в октябре 2008 года адвокаты «Роснефти» вернулись в Москву ни с чем. Через месяц мне позвонил их начальник Рашид Шарипов (*вице-президент ОАО «НК «Роснефть», в настоящее время – вице-президент ПАО «Транснефть».* – **Ред.**). Я сказал, что позиция неизменна. Он негодовал.

Еще через месяц «Роснефть» послала в Армению своего представителя, московского армянина, который пытался меня убедить, чтобы я не воевал, а просто передал бы им несчастные печати компании. Они послали его с расчетом на то, что он поговорит со мной на родном языке. Ну мы с ним посидели, поговорили на родном языке, я повторил ему то же самое, что и его коллегам. Он мне сказал: «Понимаешь, у меня команда: если ты на встрече со мной продолжаешь себя вести так же, то мы обращаемся напрямую к фээсбэшным генералам. В Москве ждут моей команды, чтобы тебя скрутить». Я промолвил: «Спасибо за откровенность». У меня была семимесячная дочка... Я позвонил Дэйву, Рудольфу, поговорил с близкими. Все меня поддержали. И мы женой взяли ребенка и вылетели в Лос-Анджелес. Был декабрь 2008-го».

С Василием Алексаняном он больше никогда не увидится. Чуть раньше Армена из России уедут Павел Ивлев и Дэвид Годфри, потом Антон Дрель. Потом МБХ и Лебедев уедут на второй срок в колонии, ЮКОС прекратит существование навсегда. А Васю... Василия Георгиевича Алексаняна, 34 лет от роду, успешного, талантливого, безбашенного, наотрез отказавшегося уезжать, будут планомерно убивать в СИЗО.

Часть III.

Как его убивали

Академик Воробьев. Врач, который спасал.

«Вы меня слышите? Так вот. В декабре 1934-го после убийства Кирова мой отец на партсобрании сказал, что сомневается в причастности Зиновьева к этому преступлению. На следующий день его исключили из партии и отправили в Алма-Ату заведовать кафедрой физиологии. Ну да. А мама осталась со мной и сестрой в Москве. Мама работала научным сотрудником в Институте биологии. Отец не велел ехать с ним. И его там вскоре арестовали, привезли в Москву, где состоялось заседание Военной коллегии Верховного суда. Приговорили к расстрелу, и в тот же день привели приговор в исполнение.

Маму арестовали в день папиного расстрела. Хоть диссертацию дали дописать... Вам интересно? Она буквально накануне закончила диссертацию по эндокринологии рака и связи желез внутренней секреции с опухолевым ростом – первое в мире исследование по этой теме. Два года, пока шло следствие, она просидела в одиночной камере на Лубянке и в Бутырке. Ей было 38 лет. Началась цинга, выпали зубы, она уже умирала от сердечной недостаточности... Как ни парадоксально, но от смерти она спаслась благодаря лагерю. Ей присудили 10 лет и отправили на Колыму. Туда мама добиралась в одном вагоне товарного эшелона с Евгенией Гинзбург. Там было несколько жен «врагов народа», включая маму и Гинзбург. Слышали, наверное, такую? Ну да. Мама Василия Аксенова, которая в 60-х написала книгу «Крутой маршрут». Там она описывает и этот свой путь на Колыму в вагоне с остальными женами изменников родины. Вам интересно?»

Да, мне все было интересно, господи! А он все переспрашивал. Он – врач от Бога. Человек-скала. Замечательный. Чудный. Добрый. Пробивной. Ученый, академик РАН и РАМН, профессор, доктор медицинских наук, директор НИИ гематологии и интенсивной терапии, специалист в области фундаментальных и клинических проблем онкогематологии, в прошлом – депутат Съезда народных депутатов СССР Андрей Иванович Воробьев. Чернобыль, Армения, «Норд-Ост», Беслан... – где он только не лечил и не спасал. Мне было безумно интересно все, что доносилось с того конца провода.

Мы разговаривали по стационарному телефону. На дворе стоял июнь 2008 года. К тому моменту он взял под свое крыло Василия Алексаняна. Но я звонила ему тогда совсем по другому поводу – чтобы он рассказал для газеты, как помогал во времена перестройки возвращать дачи потомкам репрессированных жителей Николиной Горы, отнятые у них в тридцатые-сороковые. Рассказал. «Газетку потом по почте в больницу пришлите», – сказал на прощанье. А я даже не догадывалась тогда, что в тот момент академик Воробьев «ведет» (лечит и зорко следит за судьбой) Василия Алексаняна у себя в Гематологическом центре РАМН. Я вообще тогда не знала, что Воробьев в принципе всегда сверх профессионального врачебного долга пытается помочь заключенным больным – невинно преследуемым и осужденным – экономическим, политическим, разным. Ну, конечно, потому что у самого родители... Его незыблемый принцип – никогда не проходить мимо таких.

Мать Мария Самуиловна Кизильштейн в итоге отсидит в сталинских лагерях 20 лет. Школьные годы он проведет в детском доме. И не забудет украденное детство никогда.

«У меня детство кончилось, когда арестовали родителей. Я все время видел сон – это луг, и я бегу навстречу папе, идущему в белом костюме. Я не мог поверить, что это необратимо».

Я несправедливо мало знала о нем, когда звонила ему тем летом 2008 года.

В тот год Воробьев очень оперативно возьмется за лечение Алексаняна – как только адвокат Елена Львова появится на пороге его кабинета, скажет: «Быстро его ко мне!» К тому моменту у Алексаняна из-за низкой вирусной нагрузки и слабого иммунитета на фоне отсутствия терапии будут обнаружены Т-клеточная лимфома, язва желудка и туберкулез. Все это входило в утвержденный Правительством РФ «Перечень заболеваний, препятствующих содержанию под стражей». И что? Как вы догадываетесь, ничего. Ни следствие, ни суды (Басманный, Мосгорсуд и Верховный) более полутора лет не видели причин для освобождения Алексаняна и его перевода в специализированный стационар, где бы он мог получать антивирусную терапию.

Уверена: если бы не эти действия судей и следователей, Василий прожил бы дольше. Ведь если лечить, человек с ВИЧ-статусом может жить десятилетиями.

Вместе с коллегами Воробьев пытался сделать все, что было в его силах, – продлить Василию жизнь. Успеть наверстать то, что было упущено. А это оказалось нереально. Это словно гнаться за уже набравшим приличную скорость поездом. Алексанян провел под стражей почти 3 года. Из этих трех почти 2 года – в условиях СИЗО, остальное время – под конвоем в больнице. Именно в СИЗО ему не давали жизненно важную терапию. Без нее стремительно развиваются другие болезни, а ВИЧ переходит в последнюю стадию – СПИД.

Что и произойдет с Василием. И, увы, происходило, происходит и будет происходить с другими заключенными, пока тюремная медицина у нас в стране подчинена Федеральной службе исполнения наказаний, а не Министерству здравоохранения. Именно Воробьев в свое время добивался передачи ее Минздраву.

Вообще в случае с этим необычным академиком у государства был шанс стать цивилизованной страной, но государство этим шансом не воспользовалось. В 1991 году его, выступившего против путча, пригласили возглавить Министерство здравоохранения в правительстве Ельцина. Воробьев согласился с одной оговоркой – что в этой должности он переведет тюремную медицину из подчинения МВД в Минздрав. «Узнав, что рассадником устойчивого к лекарствам туберкулеза являются места заключения, понимая, что пытки, введенные в 1937 году по личному указанию Сталина, могли сохраниться, – я поехал вместе с замминистра внутренних дел в Бутырскую тюрьму. Мы попали в обеденное время. Кормили тогда вполне прилично. На пытки никто не жаловался. Но медицинское обеспечение тюрьмы было скверным: по медикаментам – уровня 30-х годов, по условиям стационара – недопустимым. После детального ознакомления с медициной мест заключения, обсудив проблему на коллегии Минздрава с участием лагерных и тюремных врачей, я провел через Совет министров закон о передаче охраны здоровья арестантов из системы МВД в Минздрав. Это было в последних числах октября 1992 года. Для опубликования закона необходимо было его окончательный текст завизировать у всех министров. К концу декабря получил последнюю визу: министра юстиции Н. В. Федорова. Но на следующий день кабинет был распущен (вместо Гайдара назначили Черномырдина). Меня уволили. Принятый на заседании Совмина и прошедший все формальности Закон о передаче охраны здоровья заключенных в Минздрав не опубликовали. А через какой-то срок стало известно, что здравоохранение тюрем из МВД изъяли, но передали не в Минздрав, а в Минюст...

Подчиненность медицинской службы мест следствия и мест заключения Министерству юстиции позволяет прокурорам и следователям отстранять независимых от тюремной администрации врачей от наблюдения за здоровьем заключенного и подследственного. В существующих у нас условиях допрашиваемый лишен возможности обратиться за медицинской помощью к врачу без чьего-либо разрешения. Нашумевшее на весь мир «дело Магнитского» могло произойти только потому, что медицина тюрьмы подчинена тюрьме, а не системе Минздрава», – писал в последние годы сам Андрей Иванович.

«Закон Воробьева» так и остался лежать под сукном. И никто из последующих министров здравоохранения не пытался этот закон «реанимировать», чтобы избежать тысяч трагических историй. Неоказание медицинской помощи в тюрьмах, как и пытки, за эти 30 лет стали нормой.

...Но все-таки как хорошо, что Воробьев встретился на пути Алексаняна. В тот последний тяжелый период жизни на его пути встречалось много всяких. А Воробьев словно компенсировал собой тот, другой мир – отвязных и беспринципных должностных лиц, которые мучили Алексаняна в тюрьме.

Академик Андрей Воробьев умер в тот момент, когда я как раз заканчивала эту книгу. 15 июня 2020-го. Ему был 91 год. Последнее время он не вставал и практически не говорил. Про Василия вспоминал по моей просьбе – надиктовывал своему сыну Павлу зимой 2019-го. Я очень благодарна им обоим за это.

До середины 2018 года Воробьев еще выступал в судах в качестве независимого эксперта, пытаясь достучаться до черных мантий и объяснить им, что нельзя людей, имеющих, например, онкологию, не опасных для общества, проходящих по экономическим статьям, держать под стражей и уж тем более отправлять в колонии. Потому что в наших тюрьмах нет специализированных клиник. Для «мантий», которые уверены, что ни они, ни их близкие никогда не окажутся в тюрьме, пожилой академик был «сумасшедшим стариком» с улицы. Его медицинские заключения они хамовато игнорировали. А он искренне не понимал, как судья, будучи оповещен о том, что у подследственного смертельное заболевание, может заключать его под стражу, выносить ему реальное наказание вместо условного срока или штрафа.

«И происходит это в стране, где на смертную казнь наложен мораторий...» – заметил как-то сам Андрей Иванович[15].

Хроника

Я бы хотел забыть этот кошмар.
Это ад, где обычные люди приходят «на работу» и делают зло.
У них даже никаких чувств по этому поводу не возникает.
Василий Алексанян

Основываясь исключительно на документах – постановлениях Европейского суда по правам человека, решениях российских судов, письменных

15 «Пока есть пытки, правосудия в стране нет». Академик Андрей Воробьев – о том, почему в России с ее советской системой исполнения наказаний должна быть запрещена смертная казнь. «Новая газета», № 140, 14 декабря 2016 г.

жалобах самого Алексаняна, я воссоздала хронологию того, что с ним происходило в тюрьме на протяжении почти двух лет – с 6 апреля 2006 года по февраль 2008 года. Закономерность: каждое должностное лицо, в чьи обязанности напрямую входило обеспечение Алексаняна лечением, устранялось от ответственности за принятие каких-либо решений.

Итак. Точка отсчета – 7 апреля 2006 года. Басманный суд. Судья ***Елена Ярлыкова*** заключает Алексаняна под стражу. Алексанян предупреждает ее честь, что у него плохое состояние здоровья, несовместимое с содержанием в СИЗО, и 4-летний сын, которого он воспитывает один.

Из официального протокола судебного заседания:

Алексанян: «Когда я был доставлен в изолятор на Петровку, 38, при обязательном медицинском осмотре я сделал заявление осматривающему врачу о том, что я страдаю достаточно тяжелой формой энцефалопатии сосудов головного мозга, вызванной тяжелыми травмами головы, в результате чего у меня периодически происходят судороги и припадки сердечные. И без серьезного лекарственного сопровождения я не могу находиться в условиях следственного изолятора».

Он просил отпустить его хотя бы под залог. Прокурор Лахтин был против – только СИЗО.

Судья **Ярлыкова** после выхода из совещательной комнаты: «Алексанян может скрыться от органов предварительного следствия или суда, оказать давление на потерпевших, свидетелей и иных участников уголовного дела, принять меры к уничтожению доказательств, предметов и документов, имеющих существенное значение для следствия, <...> может вступить в контакт со своими помощниками, скрывающимися от органов правосудия. <...> Суд также принимает во внимание возраст, семейное положение и состояние здоровья Алексаняна, а также тот факт, что он имеет малолетнего ребенка. Избрать обвиняемому Алексаняну Василию Георгиевичу, 15 декабря 1971 года рождения, уроженцу г. Москвы, гражданину Российской Федерации, имеющему высшее юридическое образование, являющемуся адвокатом, имеющему малолетнего ребенка 2002 года рождения, ранее не судимому, меру пресечения в виде заключения под стражу. Настоящее постановление может быть обжаловано в Московский городской суд в течение 3 суток со дня его вынесения».

Алексанян: «С сегодняшнего дня я объявляю голодовку до тех пор, пока меня не освободят» (фраза в протокол не вошла).

Его отправят в следственный изолятор ИЗ-99/1 города Москвы. Все последующие заседания по определению меры пресечения почти два года будут проходить по такому же сценарию. Хотя у судей будут на руках официальные заключения врачей о наличии у Алексаняна смертельных заболеваний. Мосгорсуд – вотчина всегда лояльной Кремлю Ольги Егоровой[16] – все решения о его аресте будет оставлять в силе.

Июнь 2006 года. Два месяца в СИЗО. Судья Басманного суда Москвы ***Вера Пильганова*** продлевает Алексаняну стражу на три месяца. Тот сообщает, что у него прогрессирует заболевание глаз. Предоставляет справки от тюремных медиков: полная потеря зрения правого глаза, а острота зрения левого – 0,01. Просит отпустить его под залог еще и ради сына:

Из протокола судебного заседания:

Алексанян: «На моем иждивении находится малолетний ребенок, <...> его мать длительное время находилась в госпитале и в настоящее время не может выполнять свои родительские обязанности. Ваша честь, содержание меня под стражей лишает моего сына фактически единственного родителя. Все эти сведения были мной представлены Генеральной прокуратуре и получили процессуальное оформление и закрепление в протоколе моего допроса в помещении следственного изолятора следователем Русановой. Однако следствие сознательно игнорирует эти факты, необоснованно считает, что мое семейное положение и наличие на моем иждивении малолетнего сына 4 лет не препятствует моему нахождению в следственном изоляторе».

Судья Пильганова: «Довод Алексаняна В.Г. о том, что содержание его под стражей лишает малолетнего сына единственного родителя, не может служить основанием для отказа в удовлетворении ходатайства о продлении срока содержания под стражей».

Август 2006 года. Четыре месяца в СИЗО. Судья Басманного суда ***Наталия Дударь*** продлевает Алексаняну стражу на очередные три месяца. Василий снова говорит о плохом состоянии здоровья. Он уже знает об одном из своих смертельных диагнозов, но пока не разглашает его в силу предвзятого отношения общества к ВИЧ-больным. Он надеется, что все же сможет лечиться на воле.

---

16 Ольга Егорова была назначена председателем Мосгорсуда почти с самого начала правления Путина – в декабре 2000 года. Она покинула этот пост только осенью 2020-го с огромным «золотым парашютом» и гарантией пожизненного ежемесячного содержания..

5

253

организациях, банках, налоговых инспекциях; с учетом собранных доказательств предъявить новое обвинение Алексаняну В.Г., выполнить иные следственные действия, направленные на окончание предварительного следствия.

При таких обстоятельствах суд полагает, что испрашиваемый срок продления срока содержания под стражей обвиняемого Алексаняна В.Г. является разумным.

Доводы обвиняемого Алексаняна В.Г. и его адвокатов об отсутствии в представленных материалах доказательств, подтверждающих причастность Алексаняна В.Г. к совершению инкриминируемых ему преступлений, а также о проверки правильности квалификации действия Алексаняна В.Г., суд не может принять во внимание, поскольку вопросы виновности или невиновности лица, доказанности или недоказанности его участия в совершении преступлений, а также вопрос о правильности квалификации разрешаются судом при рассмотрении уголовного дела по существу, и не подлежат рассмотрению в настоящем судебном заседании.

Доводы защитников о недопустимости показаний, данных Бахминой С.П. в качестве свидетеля, суд также не может принять во внимание, поскольку защитниками дается оценка данному доказательству с точки зрения его допустимости, что также разрешается судом при рассмотрении уголовного дела по существу в соответствующей стадии судебного процесса после исследования всех доказательств в их совокупности.

Довод Алексаняна В.Г. о том, что содержание его под стражей лишает малолетнего сына единственного родителя, не может служить основанием для отказа в удовлетворении ходатайства о продлении срока содержания под стражей.

Доводы обвиняемого Алексаняна В.Г. и его адвокатов о том, что в силу состояния здоровья он не может содержаться под стражей, не могут быть приняты во внимание, поскольку представленные суду клинико-иммунологическое лабораторное исследование крови Алексаняна В.Г. и лучевая диагностика Алексаняна В.Г., не свидетельствуют о том, что он не может содержаться под стражей в силу имеющихся у него признаков энцефалопатии, умеренной наружной гидроцефалии и воспалительного отека слизистой гайморовых пазух.

На основании изложенного и руководствуясь ст.109 УПК РФ,

ПОСТАНОВИЛ:

Продлить срок содержания под стражей обвиняемого Алексаняна Василия Георгиевича, 15 декабря 1971 года рождения, уроженца г. Москвы, на два месяца 27 суток, а всего до четырех месяцев 27 суток, то есть до 2 сентября 2006 года включительно.

Настоящее постановление может быть обжаловано в Московский городской суд в течение 10 суток со дня его вынесения.

Судья В.М. Пильганова

Копия верна
Судья
Секретарь

Басманный районный суд г. Москвы
Постановление вступило в законную силу "14" июня 2006 г.
Судья
Секретарь

Из постановления судьи Басманного суда Москвы Веры Пильгановой, 2 июня 2006 года.

Из протокола судебного заседания:

Алексанян: «Меня нельзя вылечить, мне не станет лучше, мне только становится хуже. Мне нужны нормальные жизненные условия, чтобы я нормально наблюдался у врача. В условиях изолятора у меня стали разлагаться десны. Мне сказали, что у нас зубной в отпуске и будет только через месяц.

В день кассационного рассмотрения в Мосгорсуде [в июле 2006-го] меня не вывозили из изолятора [в суд], а вывели на трансляцию. И в судебном заседании представитель Генеральной прокуратуры Лахтин В.А. достал из кармана справку и сказал, что мне в тот день было проведено медицинское освидетельствование и у меня не установлена патология внутренних органов. Хотя врач меня вообще не осматривал. Это подделка документов. И Мосгорсуд был удивлен, потребовал объяснение у Лахтина. После чего Лахтин стыдливо спрятал справку и больше нигде ее не показывал. Это явная фальсификация. У меня даже сокамерники были готовы давать показания, что меня никто не обследовал».

Прокурор Лютов: «Ссылка на постановление правительства, что якобы здоровье Алексаняна может исключить его из изолятора, то это распространяется на лиц, которые по приговору суда отбывают наказание в местах лишения свободы. *Но Алексанян под это тоже не подпадает, потому что таким нужна слепота на два глаза.* В следственном изоляторе Алексанян может содержаться».

Жизненно важное топливо

Сентябрь 2006 года. Пять месяцев под стражей. Тюремные медики диагностировали у Алексаняна ВИЧ-инфекцию. Заболевание квалифицируют как «третьей степени» тяжести. Василия ставят на диспансерный учет в Московский городской центр профилактики и борьбы со СПИДом при департаменте здравоохранения города Москвы (сокращенно – МГЦ СПИД), куда будут изредка вывозить из камеры на осмотры. Медицинские показатели, установленные врачами МГЦ СПИД, уже в сентябре 2006 года свидетельствовали о значительном снижении у Алексаняна клеточного иммунитета и высокой концентрации ВИЧ в крови. Руководитель МГЦ СПИД Алексей Мазус официально сообщит адвокатам Василия о реальной угрозе прогрессирования заболевания и высокой вероятности присоединения (из-за сла-

ПРАВИТЕЛЬСТВО МОСКВЫ
ДЕПАРТАМЕНТ ЗДРАВООХРАНЕНИЯ
города Москвы
Московский городской центр профилактики и борьбы со СПИДом
105275, г. Москва, 8-ая ул. Соколиной горы, д. 15, корп. 3
тел. 366-62-38; факс. 365-12-22,
www.spid.ru; e-mail: info@spid.ru

От 16.10.2006 № 274
На ____________ от ____________

121170, Москва
Кутузовский проезд, д.4, к. 1, стр.5
Адвокатам Адвокатской палаты
города Москвы
Коллегии адвокатов «Львова и Партнер»

Е.Ю. Львовой
Г.Д. Дангяну

На Ваш запрос от 05.10.2006 года сообщаем следующее.

1. Инициирование и проведение высокоактивной антиретровирусной терапии (ВААРТ) невозможно при отсутствии специализированного врачебного контроля.
2. ВААРТ может быть инициирована и проведена под контролем врача имеющего соответствующую квалификацию.
3. Развитие побочных эффектов на фоне ВААРТ возможно. Перечень побочных эффектов указан в инструкции к каждому лекарственному препарату.
4. Стадия ВИЧ-инфекции IIIА характеризуется одним или несколькими из следующих заболеваний: потеря массы тела менее 10%, поверхностные грибковые, бактериальные или вирусные поражения кожи и слизистых оболочек, опоясывающий лишай, повторные синуситы, фарингиты (в соответствии с классификации утвержденной приказом МЗ РФ от 16.08.2006 года № 170 «О мерах по совершенствованию профилактики и лечения ВИЧ-инфекции в Российской Федерации»)
5. Вторичные заболевания могут прогрессировать
6. Выявленные в результате обследования изменения в иммунном статусе, а именно снижение количества СД4-лф (199), свидетельствуют о высокой вероятности присоединения оппортунистических заболеваний.

Руководитель МГЦ СПИД **А.И. Мазус**

Гражданские врачи подтверждают, что лечение Алексаняна в условиях тюрьмы невозможно.

бого иммунитета) так называемых оппортунистических, дополнительных болезней – туберкулеза, пневмонии, саркомы Капоши.

Гражданские врачи напишут, что Алексаняну нужны регулярные обследования и прием антивирусной терапии в специализированном медицинском учреждении. Именно – в специализированном, потому что такая терапия у ВИЧ-положительных больных всегда вызывает побочные эффекты (сильные боли, температуру, рвоту, понос с кровью и т. д.). И в, мягко скажем, нестерильных условиях российской тюрьмы, при отсутствии специальных лекарств и квалифицированных специалистов такие побочные эффекты могут окончиться для человека смертью.

Я разговариваю с Антоном Красовским, который несколько лет назад с единомышленниками создал в Москве фонд «Спид.Центр». Это уникальный проект для такой страны, как наша, где жизнь человека не ценится в принципе, а жизнь ВИЧ-инфицированных («спидозников», как их обзывает некоторая часть населения) тем более. «Спид.Центр» – не очередное формальное НКО. Это фонд, рассказывающий о проблемах людей с ВИЧ, консультирующий их юридически и практически: какие у них есть права в нашем обществе, как устроена антиретровирусная терапия, каких побочных эффектов от нее ждать и как с ними справляться, где бесплатно получать лекарства, что делать, если медицинские чиновники их не выдают, как вообще разговаривать с этими чиновниками, как, имея прописку в другом регионе, получать лечение в Москве и Питере, какие витамины пить, какой диеты придерживаться.

Наконец, фонд консультирует ВИЧ-больных заключенных и пытается, как может, им помочь. Антон периодически сам ездит в колонии и общается как с сидельцами, так и с родными уже умерших заключенных. И у каждого – история о том, как они воевали с родным государством за свое право получать медицинскую помощь. Практика такова, что если ты попадаешь в российскую тюрьму с диагнозом ВИЧ, то считай, что с вероятностью 90% тебе уже вынесен смертный приговор. Бюрократия, перебои с поставкой лекарств, воровство денег на лекарства, нехватка врачей, отсутствие квалифицированных врачей, халатность, пофигизм, давление следователей – каждый из этих факторов играет решающую роль для заключенного с диагнозом ВИЧ.

Антон объясняет, почему антиретровирусная терапия так необходима всем ВИЧ-положительным людям в принципе. Когда организм заражается ВИЧ, в первую очередь инфицируются клетки иммунной системы. Их принято называть клетки СД4 – это такой вид лимфоцитов (белых кровяных телец). Анализ иммунного статуса показывает, сколько клеток СД4 сейчас в организме. У здоровых людей их количество варьируется от 500 до 1200. Если ВИЧ-положительный человек не принимает терапию, то количество клеток СД4 у него постепенно уменьшается, как следствие – иммунная система ослабевает, организм теряет способность бороться с определенными типами микроорганизмов, начинают развиваться дополнительные инфекции и болезни. Если же ВИЧ-инфицированный получает терапию, то вирусная нагрузка у него снижается, восстанавливается необходимое количество клеток СД4, и иммунная система начинает работать адекватно.

Безусловно, терапия не воздействует на сам ВИЧ, она лишь блокирует его быстрое размножение, как бы «консервируя» вирус в зараженных клетках и не давая продвигаться дальше. Качество жизни ВИЧ-больных, принимающих такую терапию, ничем не отличается от жизни обычных людей: они могут заводить семьи и рожать здоровых детей.

Ключевое правило здесь – регулярность. Антиретровирусная терапия требует очень строгого соблюдения графика приема. Если проще, терапия – это своеобразное топливо для ВИЧ-больных, без которого их ждет неминуемая гибель в ближайшие год-два, в зависимости от стадии болезни.

Василий Алексанян прожил без этого топлива почти два года, имея третью стадию заболевания. Этого времени вполне хватило, чтобы ВИЧ-инфекция перешла в смертельную стадию – СПИД. То есть за два тюремных года болезнь прошла путь, который при надлежащем лечении занял бы 10–12 лет.

Друзья Василия узн*а*ют о его диагнозе, когда он уже будет в СИЗО. Вспомнят, как незадолго до ареста он попал в автомобильную аварию, получил ранения головы и срочно поехал зашиваться в каком-то левом травмпункте на Пресне... Хотя друзьям было все равно, где в конце концов он заразился. Друзья будут пытаться понять, как они лично способны помочь в этой ситуации. Каждый делал, что мог. Вынужденно оставшийся в Англии Рудольф Мхитарян найдет в Лондоне грамотного врача, который подскажет, какие лекарства на этой стадии лучше пить. Потом Рудольф закупит выписанные препараты, отправит их в Москву родным Василия, но у родных в СИЗО их не примут. Без объяснения причин. Принимали только наши, российские – от головной боли и прочего в этом духе.

«Если честно, – говорит мне Рудольф, раскладывая на столе в своем доме в пригороде Лондона фотографии Алексаняна, – я не понимал, почему дело доходит до такой степени, что его не лечат. Вроде XXI век. Люди с ВИЧ уже давно живут нормальной продолжительной жизнью, главное – получать терапию. А Васе ее тупо не давали и не выпускали на лечение в стационар, предлагая, как мы узнали потом, в обмен дать устраивающие их показания».

Октябрь 2006 года. Шесть месяцев под стражей. Адвокаты Львова и Дангян ходатайствуют перед следователем по особо важным делам ***Радмиром Хатыповым*** об изменении меры пресечения Алексаняну в связи с наличием тяжелого заболевания. Показывают заключение врачей МГЦ СПИД. Хатыпов отказывает. Аргумент: Алексанян, конечно, болен неизлечимой болезнью, но он имеет статус обвиняемого, а по закону освободить по такой болезни можно только человека уже осужденного. Ну и, разумеется, следователь написал, что в СИЗО Алексанян «получает необходимую медицинскую помощь».

Ноябрь 2006 года. Семь месяцев в СИЗО. И два месяца с момента рекомендации гражданских врачей начать проведение терапии в специальной клинике. Лечение не начато. Состояние Алексаняна начинает стремительно ухудшаться, что подчеркивают в своем заключении 23 ноября 2006 года медики из МГЦ СПИД. После очередного обследования они снова рекомендуют незамедлительно начать антиретровирусную терапию: *«В связи с тем, что ВИЧ-инфекция у Алексаняна В. Г. протекает с высокой вирусной нагрузкой, снижением иммунного статуса (по данным анализов), частыми обострениями <...> больному показано лечение – высокоактивная антиретровирусная терапия (ВААРТ) с целью профилактики прогрессирования ВИЧ-инфекции»*[17].

В тот же день судья Басманного суда Москвы ***Александр Трубников*** по ходатайству Генпрокуратуры продлевает срок содержания Алексаняна под стражей еще на три месяца. Отпустить под домашний арест, подписку о невыезде или под залог – чтобы обвиняемый мог регулярно ездить в стационар на приемы ВААРТ – судья отказался.

Из протокола судебного заседания:

Алексанян: «Прокуратура говорит суду, что если меня освободят, то я скроюсь. У меня смертельное заболевание, на иждивении ребенок, куда я могу скрыться? В сентябре пришло заключение эксперта, в котором сказано, что у меня обнаружено смертельное заболевание, которое может закончиться летальным исходом, но прокуратура не представила данного заключения суду. У меня складывается впечатление, что Генеральная прокуратура хочет, чтобы я умер в изоляторе. А после моей смерти прокуратура скажет, снимая с себя ответственность, что это Басманный суд продлевал срок стражи Алексаняну.

17 Из материалов дела.

107 10

действовали они не законно. Симоновский суд не выносил никакого решения по данному вопросу. Защита выяснила, что 09.02.2004 года Рыбиным были представлены сведения, автором которых являлся Саенко, они потерпевшие по делу и поэтому все их утверждения не доказаны, и не понятно какое отношение это имеет к продлению срока содержания под стражей в отношении Алексаняна. Генеральная прокуратура вводит суд в заблуждение. Данный документ опубликован в Интернете в 2003 году, его нельзя класть в основу, должны быть только факты, а данный документ не является фактом.

Генеральная прокуратура указывает, что семейное положение и состояние здоровья не препятствует содержанию под стражей Алексаняна. Это утверждение также лживо. Поскольку сама Генеральная прокуратура назначила судебно медицинскую экспертизу Алексаняну. Заключение данной экспертизы Генеральной прокуратурой уже получено, но они не представили их в суд, тем самым вводя суд в заблуждение.

В постановлении президиума Верховного суда, указано, что нельзя переписывать одни и те же доводы, нужны основания для продления срока содержания под стражей. Нельзя содержать под стражей смертельно больного человека, ведь он обвиняется всего лишь в экономическом преступлении. У Алексаняна на иждивении находится 4-х летний сын, которого нужно обеспечивать.

Я могу допустить, что вдруг это правда, это сообщение представленное прокурором, о том, что Алексанян скроется. Но ему же можно избрать более мягкую меру пресечения, например в виде домашнего ареста. При данной мере пресечения он может лечится. Если же Алексанян нарушит данную меру пресечения, то только тогда можно будет избрать меру пресечения в виде заключения под стражу.

Обвиняемый Алексанян В.Г.:

- Ваша честь! Я полностью поддерживаю доводы своих адвокатов, и я хочу добавить, что прокуратура доказывает суду, что если меня освободят из-под стражи, то я скроюсь. У меня смертельное заболевание, на иждивении ребенок, куда я могу скрыться. Мера пресечения у меня истекает 02 декабря 2006 года по старым основаниям, сейчас 23 ноября 2006 года прокуратура указывает те же основания, что и указывала 8 месяцев назад. Прокуратура представила справку начальника ОРЧ, но данная справка не должна быть приобщена к материалам дела. Поскольку я нахожусь в изоляторе, оперативные сотрудники не могут вести в изоляторе ни каких действий. Я встречаюсь только со своими адвокатами, получается, что прокуратура ведет наблюдение за адвокатами, но это не законно. С июля 2006 года я даже не общался с родственниками. В сентябре пришло заключение эксперта, в котором сказано, что у меня обнаружено смертельное заболевание, которое может закончиться летальным исходом, но прокуратура не представила данного заключения суду. У меня складывается такое впечатление, что Генеральная прокуратура хочет чтобы я умер в изоляторе. А после моей смерти прокуратура скажет, снимая с себя ответственность, что Басманный суд продлил срок стражи Алексаняну. Мне необходимо делать срочное переливание крови. Оснований для продления срока содержания под стражей не имеется, основания изменились, у меня обнаружено смертельное

Стр. 80-81. Из протокола судебного заседания, по итогам которого Алексаняну в очередной раз продлили арест, 23 августа 2006 года.

108 11

заболевание. Например, если бы сегодня 23 ноября Генеральная прокуратура вышла с арестом меня, и суду представила справку о том, что у меня смертельное заболевание, как Вы думаете суд арестовал бы меня? Я прошу выпустить меня из-под стражи, мое состояние с каждым днем становится хуже.

Суд удаляется в совещательную комнату для вынесения постановления.
Постановление вынесено и оглашено.
Срок и порядок обжалования постановления разъяснены и понятны.

Судебное заседание закрыто в 13 часов 10 минут.

Председательствующий: ______________________

Секретарь судебного заседания: ______________________

Дата изготовления протокола судебного заседания: 24 ноября 2006 года.

Копия верна
Судья:
Секретарь:

Ваша честь, мне необходимо делать срочное переливание крови. Оснований для продления срока содержания под стражей не имеется, основания изменились – у меня обнаружено смертельное заболевание. Я прошу выпустить меня из-под стражи, мое состояние с каждым днем становится хуже...

Ваша честь, у Генеральной прокуратуры нет никакого желания устанавливать истину и предоставлять в суд документы, которые свидетельствуют о том, что при моем состоянии здоровья меня никак нельзя содержать под стражей... У меня было шесть общих наркозов, у меня была клиническая смерть, у меня масса серьезных проблем, у меня были тяжелейшие ранения...

Я прошу обратить внимание, что единственный родитель у моего сына – это я. Моим родителям 67 лет, им сложно будет справиться в таком возрасте с моим ребенком, а также родителя ему никто не заменит».

Судья Трубников (*на автомате*): «При решении вопроса о целесообразности продления срока содержания под стражей, суд принимает во внимание возраст, семейное положение и состояние здоровья обвиняемого, которое квалифицировано как удовлетворительное».

27 ноября Алексанян пишет генеральному прокурору ***Юрию Чайке,*** ставя в известность, что его подчиненные вводят суды в заблуждение неподтвержденными данными о том, что в случае освобождения вице-президент ЮКОСа «может скрыться», и держат его, имеющего смертельное заболевание, без лечения в тюрьме.

Чайка ничего не ответит. За генпрокурора отписку пришлет его помощник ***В. В. Игнашин:*** «Оснований для изменения меры пресечения не имеется». Все.

«Вам необходимо лечение, нам – ваши показания». Следователь Каримов

Декабрь 2006 года. Восемь месяцев в СИЗО. Предварительное следствие по делу окончено, Алексаняну выдают копии материалов дела, насчитывающего 113 томов. Терапия так и не начата. Алексанян пишет следователям по особо важным делам Генеральной прокуратуры Радмиру Хатыпову и Татьяне Русановой: «*Обращаю ваше внимание на тот факт, что обнаруженная у меня в сентябре вирусная нагрузка уже тогда превышала смертельно опасный порог почти в 7 раз. <...> В условиях, когда предваритель-*

ное следствие завершено, никакими интересами следствия невозможно оправдать продление содержания меня под стражей, которое прямо подвергает опасности мою жизнь. В связи с вышесказанным ходатайствую об изменении мне меры пресечения на подписку о невыезде и надлежащем поведении, что является единственным средством, которое позволит мне получить необходимую медицинскую помощь и предотвратит неминуемое наступление летального исхода».
Русанова и Хатыпов в освобождении ему отказывают.

Тем временем в декабре 2006 года гражданские врачи МГЦ СПИД информируют защитников: у Алексаняна на фоне высокой вирусной нагрузки проявляются симптомы других смертельных заболеваний.

Но убивал Алексаняна не ВИЧ. Его убивали те, кто ставил получение им жизненно важной терапии в зависимость от его показаний. От Василия следствие ждало изобличающих свидетельств на сидящих, либо уехавших за рубеж акционеров ЮКОСа. Главный юрист компании Алексанян мог бы стать очень удобным свидетелем обвинения на многих судебных процессах по большому «делу ЮКОСа». Что должностные лица конкретно ему и предлагали – об этом, будучи уже совсем больным, рассказывал сам Василий Алексанян в Верховном суде 22 января 2008 года, безуспешно пытаясь обжаловать очередное продление ареста. Эту видеозапись невозможно спокойно смотреть. Просто забейте в YouTube слова «Василий Алексанян. Верховный суд» и сами все поймете.

Алексанян (*по видеосвязи из СИЗО «Матросская Тишина» обращается к судебной коллегии*): «Я хочу, чтобы вы от меня услышали некоторые вещи, которые имеют критическое значение для понимания того, что происходит, – для всех этих игр патриотов, которые, к сожалению, стоят мне жизни и здоровья.

Вот эта судебно-медицинская экспертиза, про которую говорила мой защитник (*Елена Львова до этого сообщила о том, что еще 22 ноября 2006 года была готова инициированная следствием судебно-медицинская экспертиза по поводу состояния здоровья Алексаняна.* – **Ред.**), – три месяца ее делали, выкручивая руки экспертам. Хотя три месяца не делается ни одна судебно-медицинская экспертиза. Это было поразительно: все мои обследования и осмотры закончили в течение двух недель... И 22 ноября экспертиза была готова, как мы потом узнали. В ней содержатся два взаимоисключающих вывода. Первое – это то, что я мог бы содержаться под стражей, но исключительно при проведении ВААРТ. И те же самые эксперты на прямо поставленный вопрос следствия говорят: мы не можем сказать, возможно ли проведение ВААРТ в тюрьме. Вот какое заключение можно из этого сделать?»

Судья Василий Кочин: «Ну они же не могут сказать, могут в учреждении лечить или не могут».

Алексанян: «Ваша честь... Ваша честь, я не закончил... Вы... (*тяжело вздыхает*). Мне трудно говорить. А логическая цепочка моя немножко дальше идет... Сейчас я объясню.

23-го [ноября 2006 г.] мне продлевали срок. Казалось бы, [прокуратуре] надо представить это заключение в суд – оно было с 22 ноября у прокуратуры. Но оно не было представлено в суд и никогда сюда не представлялось. Оно скрывалось прокуратурой. Хотя для выполнения установленного законом требования 99 статьи УПК (*«Обстоятельства, учитываемые при избрании меры пресечения». –* **Ред.**) они обязаны были представить эту экспертизу. Мы [с адвокатами] ее получили с большим опозданием.

И я хочу снять грязные инсинуации по поводу моих «отказов» от лечения, чтобы ни у кого язык не поворачивался говорить это. Тому, кто это утверждает, я хочу отдать свое тело на 10 минут, чтобы он те муки адовы пережил, которые я переживаю. Только умалишенный человек может такое говорить... (*выпрямляется и нервно переступает с ноги на ногу*)... Чтобы он от боли на стенку лез. И ему не помогали никакие лекарства. Пусть у него совести хватит мне в глаза посмотреть (*снова выпрямляется и переступает с ноги на ногу секунды три*).

Далее. Мы пытались выяснить, что же за проблема с этим ВААРТом. Для всех была новость, что это такое. Выяснили: оказывается, это химиотерапия, которая сама по себе угрожает жизни. И это прямо следует из ответов на наши запросы в МГЦ СПИД. В тех инструкциях к препаратам, которые применяются при этой химиотерапии, четко написано: [возможен] летальный исход, [нужен] круглосуточный контроль врача и круглосуточный доступ к врачу, необходимость переливания крови, потому что оказывается страшное воздействие на печень, на кровь... У меня редчайшая группа крови – четвертая положительная. Необходимо [соблюдение] массы требований. Это мы в течение нескольких месяцев переписки выясняли. Нам никто не хотел сообщать.

И вот 22 ноября 2006 года (*когда была готова судебно-медицинская экспертиза. –* **Ред.**) прокуратуре стало понятно, что с Алексаняном проблема. Большая проблема. Потому что эта болезнь имеет юридическое определение в законе – смертельное, неизлечимое заболевание. Это приговор, который нельзя обжаловать. Смерть не обжалуется. Я готов за каждое свое слово ответить, что я сейчас произнесу.

Тогда предварительное следствие находилось полностью под контролем прокуратуры. И что происходит?

28 декабря 2006 года меня под предлогом необходимости ознакомления с какими-то материалами вывозят в здание Генеральной прокуратуры. Это я объясняю, почему и для чего я до сих пор в тюрьме сижу, умирая здесь. Следователь ***Каримов Салават Кунакбаевич*** лично (как оказалось, тогда он только готовил вот эти новые абсурдные обвинения против Ходорковского и Лебедева) предлагает мне сделку. Адвокаты здесь присутствуют. При них меня привели к нему, нас оставили одних. Он не имел формально отношения к моему делу, по которому я содержусь под стражей. Но он мне сказал: «Руководство Генеральной прокуратуры понимает, что вам необходимо лечиться, может быть, даже не в России, что у вас тяжелая ситуация». А я уже месяц нахожусь под стражей без лечения, хотя экспертиза была готова 22 ноября. Он говорит: «Нам необходимы ваши показания, потому что мы не можем подтвердить те обвинения, которые мы выдвигаем против Ходорковского и Лебедева. Если вы дадите нам показания, устраивающие следствие, то мы вас выпустим». И предложил мне конкретный механизм этой сделки: «Вы пишете мне заявление, чтобы я перевел вас в ИВС, изолятор временного содержания на Петровке, 38, и там с вами следователи недельку или две активно поработают. И когда мы получим те показания, которые устроят руководство, мы обменяем их (как он выразился) подпись на подпись». «То есть я вам кладу на стол постановление об изменении меры пресечения, а вы подписываете протокол допроса», – он меня всячески убеждал это сделать и демонстрировал титульные листы допросов якобы других лиц (*имеются в виду другие проходящие свидетелями либо обвиняемыми сотрудники ЮКОСа.* – **Ред.**), которые согласились помогать следствию. Всевозможным образом пытался меня убедить, что я должен это сделать.

Но я не могу быть лжесвидетелем, я не могу оговаривать невинных людей. Я отказался от этого. И я думаю, какое бы ужасное состояние мое ни было сейчас, Господь хранит меня, потому я этого не сделал. Я не могу так покупать свою жизнь...

Дальше мне резко ухудшили условия содержания. Вот этот изолятор СИЗО № 99/1 (*следственный изолятор особой категории, как и СИЗО «Лефортово», находится в федеральном подчинении.* – **Ред.**) – это спецтюрьма, она вообще непубличная, ее еще найти надо. Там сидит не больше ста человек в самый пиковый период. Меня держали в таких камерах, которые еще Берию помнят и Абакумова! Там плесень, и грибок, и стафилококк съедают вашу кожу заживо. Это притом что люди знают, что у меня иммунитет порушен. Это фашисты просто!»

Судья Кочин пытается перебить Алексаняна.

Алексанян: «Я прошу меня выслушать. Вы меня извините, ваша честь, я перед Верховным судом тоже не в первый раз».

Судья Кочин: «Да?»

Алексанян: «Да, вы знаете это. И каждый раз, каждый раз мне добавляется один, два, три диагноза... Сколько может выдержать человек?!»

Алексаняну тогда все же удастся договорить. Его дальнейшие слова из того выступления здесь еще прозвучат, когда речь пойдет о следователях, предлагавших ему аналогичную сделку в 2007 году.

Оксана Балаян: «Его выступление в Верховном суде, где он рассказывал, как его не лечат... – я не смогла смотреть. Очень тяжелая пленка. И когда это касается вашего близкого человека, друга... Вы хотите остановить эту машину, но осознаете, что это невозможно. Шоком стала эта страшная болезнь, с которой, как мы сейчас уже знаем, люди могут жить по 20–30 лет, но для этого нужны совершенно другие условия, а не тюрьма, тем более российская. Куда ходить, в какие двери стучать, чтобы его выпустили? Я понимала тогда, что ничего сделать нельзя. Разве только надеяться, что на высоком уровне что-то изменится».

На высоком уровне долго делали вид, что юриста ЮКОСа и его болезни не существует. Что касается Салавата Каримова, то он никогда не опровергал слова Василия Алексаняна. На протяжении всех этих лет он хранит молчание по поводу сказанного тогда о нем в Верховном суде. Сейчас ему ближе к 70. В 2019 году он все еще числился в Генпрокуратуре, занимая последние годы солидную должность советника генерального прокурора. За последовавшей в феврале 2020 года отставкой Юрия Чайки фигура его советника Каримова из публичного поля исчезла совсем. То ли перевелся вместе с шефом в Северо-Кавказский федеральный округ, где Чайка теперь представитель президента, то ли наконец вышел на *заслуженную пенсию*.

Я собиралась было послать ему официальный запрос с просьбой об интервью для этой книги. Даже уже напечатала его на бланке редакции с перечислением конкретных вопросов. Но запрос так и остался неотправленным. Я задумалась о последствиях. У коллег из «МБХ медиа» и сотрудников «Открытой России» то и дело проходят обыски в рамках все того же «большого дела ЮКОСа» 2003 года выпуска. У людей, которые в 2003 году ходили в сад и школу, ищут доказательства «отмытых» ЮКОСом средств. С точки зрения следствия из этих «похищенных средств» происходит финансирование различных организаций, физических лиц и журналистов. Ничего криминального никогда в ходе обысков не находят, но изымают всю технику. Вероятность того, что Каримов мне ответит на запрос, особенно на вопрос, почему он лишал лекарств Алексаняна, составляла ноль процентов. Вероятность того, что после этих запросов ко мне заявятся с обыском, была намного больше. А изъятие всей техники автоматически лишило бы меня возможности писать книгу.

Если уж совсем честно: мне не хотелось общаться с Каримовым и остальными следователями, мучившими Алексаняна, официально. Я бы хотела поговорить не под диктофон, сидя, может быть, в кафе. Просто бы спросила Каримова: неужели вы, правда, не отдавали себе тогда отчета, что антивирусная терапия Алексаняну нужна была как воздух? Ведь не нужно быть медиком, чтобы знать, что эта болезнь имеет свойство развиваться с катастрофической скоростью. Неужели вы не думали о последствиях? Нет, мне понятно, кто стоял за этим делом, кто стоял за вами и что вам посулили, но все же... У вас же, сказала бы я Каримову, была на руках судебно-медицинская экспертиза, из которой было понятно, что Алексанян не жилец. Или вам совсем было все равно? Неужели вы даже не обсуждали это с вашим начальством? А кто вам указания конкретно давал, какое начальство? А вы дома с родными историю Алексаняна не обсуждали? Ну что-то же вы лично думали об этом? А какие у вас в юности были мечты? Ну и так далее.

Все это, конечно, наивно и смешно. Особенно, наверное, станет смешно Каримову, если он прочтет эти строки. Не так давно я видела его по НТВ, в фильме «Кровавая империя Михаила Ходорковского». Показ был приурочен к вынесению Гаагским судом окончательного решения о выплате ЮКОСу компенсации за отъем активов на родине. Заметно постаревший Каримов перечислял устрашающий незатейливого зрителя массив обвинений, предъявлявшихся ЮКОСу за все годы, и рассказывал, как компания «незаконно вывела» за границу $51 млрд (к слову, столько ЮКОСу в 2020 году и присудил Гаагский арбитраж). Забыл рассказать Каримов лишь о том, как неоднократно предлагал сделку – показания в обмен на жизнь – Василию Алексаняну.

«Знаете, я твердо уверен, что Каримов персонально и его помощница Русанова – они Василия конкретно убили. Каримов, конечно, ключевая фигура, – говорит Ходорковский, когда я спрашиваю его, как можно назвать то, что делали с Алексаняном. – То, что они творили, – это была абсолютная пытка. Пытка с убийством в конце. Именно по этой причине два этих замечательных человека, наряду с Игорем Ивановичем Сечиным, занесены в очень короткий лист моих врагов. Если удастся, и они доживут до ситуации, когда у них не будет крыши, то... как бы это сформулировать? Их дальнейшей судьбой со мной можно расплатиться за многое».

Январь 2007 года. Девять месяцев под стражей. 22 января Мосгорсуд оставляет в силе ноябрьское решение басманного судьи Трубникова о продлении стражи Василию. Да, ***судебная тройка Полякова–Сорокина–Пасюнин*** тоже в курсе, что Алексанян не жилец и ему необходима антивирусная терапия – все медицинские справки из МГЦ СПИД защита принесла. Тройка игнорирует эти бумаги и обосновывает необходимость дальнейшего ареста иными справками – из ФСИН.

Из протокола судебного заседания:

Судебная тройка: «Находясь на свободе, Алексанян В. Г. может скрыться от органов предварительного следствия и суда, оказать негативное воздействие на потерпевших, давление на свидетелей и иных участников уголовного судопроизводства, продолжить заниматься преступной деятельностью, предпринять меры к уничтожению доказательств... Утверждения о наличии у Алексаняна В. Г. заболеваний, препятствующих содержанию под стражей, противоречат представленным из медицинской части учреждения ИЗ-99/1 ФСИН России справкам о том, что в ходе осмотров состояние Алексаняна В. Г. удовлетворительное, и он может участвовать в судебно-следственных мероприятиях».

Февраль 2007 года. Десять месяцев под стражей. Лечение ВААРТ не начато. Судья Басманного суда ***Наталья Мушникова*** продлевает Алексаняну арест, несмотря на то что перед ее глазами тоже лежат справки из МГЦ СПИД.

Из протокола судебного заседания:

Алексанян: «Ваша честь, я хотел только обратить внимание на несколько моментов, которые исключительно важны для оценки моего состояния здоровья <...> Если вы посмотрите на прошлое продление, там [в постановлении суда] нет ни слова о ВИЧ-инфекции 3 А (*одна из стадий заболевания.* – **Ред.**). Следующая стадия этого заболевания самая сложная, я пока до нее не дошел, содержание в тюрьме приближает меня к ней. В ходатайстве Генеральной прокуратуры [о продлении стражи] ни слова не говорится о моем смертельном заболевании. В совокупности справок, представленных прокуратурой, по каким-то причинам нет ни одной, подтверждающей наличие у меня ВИЧ-инфекции.

Я не хочу плохо думать о прокуратуре, но похоже, что она хочет скрыть от суда истинное состояние вещей. Фактически суду предложен выход из ситуации, который состоял бы из того, что Алексанян А. Г. еще жив, как следует

ПОСТАНОВЛЕНИЕ
о продлении срока содержания под стражей

Москва 21 февраля 2007 года

Федеральный судья Басманного районного суда г. Москвы Мушникова Н.Е., с участием старшего прокурора отдела по надзору за расследованием особо важных дел управления по расследованию особо важных дел Генеральной прокуратуры Российской Федерации Лахтина В.А., обвиняемого Алексаняна В.Г., адвокатов Львовой Е.Ю., представившей удостоверение № 3183 и ордер № 78/Л от 27 апреля 2006 года, Дангяна Г.А., представившего удостоверение № 2136 ордер № 153 от 06 апреля 2006 года, при секретаре Басоновой Ю.А., рассмотрев постановление старшего следователя по особо важным делам Генеральной прокуратуры РФ Хатыпова Р.А. о возбуждении перед судом ходатайства о продлении срока содержания под стражей Алексаняна Василия Георгиевича 15 декабря 1971 года рождения, уроженца г. Москвы, гражданина РФ, с высшим образованием, холостого, имеющего на иждивении малолетнего ребенка 2002 года рождения, до задержания работавшего исполнительным вице-президентом ОАО «НК ЮКОС» зарегистрированного по адресу: Москва, ул. 26 Бакинских комиссаров, д. 7, корп. 4, кв. 101, ранее не судимого, обвиняемого в совершении преступлений, предусмотренных п.п. «а, б» ч. 3 ст. 160 УК РФ (в редакции Федерального закона №63 от 13.06.1996) и ч. 3 ст. 174 УК РФ (в редакции Федерального закона №63 от 13.06.1996), ч. 2 ст. 198 УК РФ (в редакции Федерального закона от 08.12.2003 № 162-ФЗ),

УСТАНОВИЛ:

Органами уголовного преследования Алексанян В.Г. обвиняется в совершении присвоения, то есть хищения чужого имущества, вверенного виновному, с использованием своего служебного положения организованной группой в крупном размере; в совершении с использованием своего служебного положения, организованной группой, в крупном размере, финансовых операций и других сделок с денежными средствами и иным имуществом, приобретенными заведомо незаконным путем, а также использовании их для осуществления предпринимательской и иной экономической деятельности; в совершении путем включения в налоговую декларацию заведомо ложных сведений и не предоставления налоговых деклараций, уклонения от уплаты налогов и сборов с физического лица в особо крупном размере, при обстоятельствах, изложенных в постановлении следователя.

08 января 2004 года из уголовного дела № 18/41-03, возбужденного 20 июня 2003 года по фактам причинения имущественного ущерба государству, ОАО «Апатит» и умышленного неисполнения вступившего в законную силу решения суда, по признакам преступлений, предусмотренных п. «б» ч. 3 ст. 165, ч. 3 ст. 285, ст. 315 УК РФ, выделено в отдельное производство уголовное дело в отношении Невзлина Л.Б.

06 апреля 2006 года судьей Симоновского районного суда Москвы дано заключение о наличии в действиях Алексаняна В.Г. признаков преступлений, предусмотренных п.п. «а, б» ч. 3 ст. 160 УК РФ (в редакции Федерального закона от 13.06.1996 г.) и ч. 4 ст. 174.1 УК РФ (в редакции Федерального закона от 08.12.2003 г.).

06 апреля 2006 года в 14 часов 50 минут Алексанян В.Г. был задержан в порядке ст.ст. 91, 92 УПК РФ и в этот же день ему было предъявлено обвинение в совершении преступлений, предусмотренных п.п. «а, б» ч. 3 ст. 160 УК РФ (в редакции Федерального закона №64 от 13.06.1996 года) и ч. 4 ст. 174.1 УК РФ (в редакции Федерального закона №162-ФЗ от 08.12.2003 года), которое в этот же день было предъявлено Алексаняну В.Г.

07 апреля 2006 года Басманным районным судом Москвы в отношении обвиняемого Алексаняна В.Г. избрана мера пресечения в виде заключения под стражей.

14 июля 2006 года Алексаняну В.Г. предъявлено обвинение в совершении преступлений, предусмотренных п.п. «а, б» ч. 3 ст. 160 УК РФ (в редакции Федерального закона №63 от

Стр. 90-91. Из постановления судьи Басманного суда Натальи Мушниковой, 21 февраля 2007 года.

4 134

обстоятельства преступления, данные о личности Алексаняна В.Г. дают достаточные основания полагать, что, находясь на свободе, он может скрыться от органов предварительного следствия и суда, вступить в контакт с другими соучастниками преступлений, которые в настоящее время находятся в розыске, продолжить заниматься преступной деятельностью, уничтожить доказательства по делу, иным способом воспрепятствовать производству по делу.

Постановление следователя о продлении срока содержания под стражей Алексаняна В.Г. обосновано фактическими данными, подтверждающими невозможность отмены меры пресечения, а также содержит указание на наличие предусмотренных законом оснований для дальнейшего ее применения, в связи с чем суд находит данное постановление законным и обоснованным. У суда не имеется оснований не принимать во внимание документы, в том числе и те, которые оспаривает защита, представленные следователем в обоснование заявленного ходатайства.

Также судом учитывается семейное положение обвиняемого Алексаняна В.Г., наличие на его иждивении малолетнего ребенка, престарелых родителей, возраст, а также состояние здоровья Алексаняна В.Г. Согласно представленным медицинским справкам из медицинской части учреждения ИЗ-99/1 г. Москвы состояние здоровья Алексаняна В.Г. удовлетворительное, позволяет ему участвовать в судебно-следственных мероприятиях. Оснований сомневаться в достоверности сведений, изложенных в представленных справках, не имеется. При таких обстоятельствах суд не может согласиться с доводами защиты и обвиняемого о том, продление срока содержания Алексаняна В.Г. под стражей осуществляется без учета состояния его здоровья.

На основании изложенного и руководствуясь ст. 109 УПК РФ,

ПОСТАНОВИЛ:

Продлить срок содержания под стражей обвиняемого Алексаняна Василия Георгиевича 15 декабря 1971 года рождения, уроженца г. Москвы на 1 (один) месяц 4 (четверо) суток, а всего до 12 месяцев, то есть до 06 апреля 2007 года включительно.

Настоящее постановление может быть обжаловано в Московский городской суд в течение 10 суток со дня его вынесения.

Федеральный судья

из справки из изолятора, «может принимать участие в судебных заседаниях», и не указано, что у него смертельно опасный уровень вируса в крови (*при тесте на вирусную нагрузку измеряется число генетических копий ВИЧ в крови. Результат показывает количество копий ВИЧ в миллилитре крови. Вирусная нагрузка 10 000 считается низкой, а 100 000 – высокой.* – **Ред.**). У меня в сентябре было уже 668 000 [копий], что в 6 с половиной раз больше прежнего. Уровень иммунитета у нормального человека составляет 500 клеток, смертельно опасный (*у ВИЧ-положительного.* – **Ред.**) составляет ниже 200, а у меня было 199, и он продолжает падать.

Как говорил адвокат, пребывание в изоляторе несет для меня угрозу смерти более быструю, чем от самого заболевания. В тех инструкциях, которые будут приобщены (*письма врачей из МГЦ СПИД.* – **Ред.**), указано, что нужен постоянный контроль за моим здоровьем, мне требуется экстренное переливание крови. Для того чтобы меня послушали в изоляторе, мне нужно писать заявление за сутки, о каком экстренном контроле можно говорить?

Ситуация патовая, для меня необъяснимая. Для меня каждый день пытка, у меня многочисленные травмы головы, все может закончиться инсультом. У меня большой риск заболевания пневмонией. Вы не можете держать меня в тюрьме. Вас обманывают, говорят, что меня лечат. Бисептолом, витаминами и аспирином ВИЧ-инфекцию не вылечишь... Я бы спросил прокурора, зачем они добиваются моего летального исхода? Скоротечность заболевания приведет к летальному исходу, это лишь вопрос времени. Сегодня я с вами разговариваю, а завтра меня уже нет. Хуже не бывает. Даже рак проходит.

На моем иждивении находится ребенок 4 лет, у меня есть родители 70 лет, прокуратура суду не представила никаких доказательств, каким образом, будучи смертельно больным, привязанным к клинике, я убегу. Для меня любой отход от больницы будет означать смерть».

Прокурор Лахтин: «Состояние здоровья Алексаняна В. Г. контролируется через медицинских работников следственного изолятора, постоянно запрашиваются сведения о состоянии здоровья обвиняемого, никаких препятствий следствие не чинит и всегда идет навстречу обвиняемому, способствует лечению Алексаняна и проведению диагностики, либо иных исследований».

Судья Мушникова читает итоговое постановление: «Алексанян может скрыться, оказать давление на свидетелей, имеет связи с уехавшими за рубеж сообщниками. Судом ***учитывается*** семейное положение обвиняемого, наличие на иждивении малолетнего ребенка, престарелых родителей, возраст, а также состояние здоровья Алексаняна В. Г. Согласно представленным медицинским справкам из медицинской части учреждения

ИЗ-99/1 г. Москвы, состояние здоровья Алексаняна В.Г. удовлетворительное, позволяет ему участвовать в судебно-следственных мероприятиях. Оснований сомневаться в достоверности этих сведений не имеется».

Антон Дрель: «На истории Васи я сломался. Раньше как было? Я всегда придерживался правила: нельзя переходить на личности. У следователя, прокурора, судьи работа такая, объяснял я себе. Nothing personal – just business. Ничего личного. Вот идет судебный процесс. Если вменяемый адвокат и вменяемый прокурор, то обычно они встречаются утром в коридоре суда и жмут друг другу руки. А Васина история, его мучения, нелечение, выбивание из него показаний – она для меня очень личной стала в части отношения к оппонентам. Если бы я его мучителей встретил, я бы руки им не подал, и это очень мягко сказано.

До этого, защищая МБХ и Платона, я всегда не персонифицировано подходил к делу: типа, ну да, оппоненты выполняют свою работу, над ними стоят Путин, Сечин, Кремль... А в истории с Васей для меня Путина нет. Для меня там есть Салават Кунакбаевич Каримов, Татьяна Борисовна Русанова, Валерий Алексеевич Лахтин и другие Васины мучители в погонах».

В феврале 2007-го Алексаняна второй раз за все время вывозят на осмотр в МГЦ СПИД. После настоятельных просьб защиты. Врачи фиксируют низкий уровень иммунного статуса и в какой раз говорят о необходимости срочно начать ВААРТ-терапию. Адвокаты пишут заместителю генерального прокурора ***Виктору Гриню,*** отмечая, что в соответствии с российской Конституцией «каждый имеет право на жизнь и получение медицинской помощи». «Отсутствие терапии неминуемо приближает момент, когда смертельно опасное заболевание приобретет необратимый характер и терапия уже будет бессмысленна», – отмечают защитники и просят замгенпрокурора лично изменить Василию меру пресечения. Гринь не отвечает. А следователь Хатыпов выносит очередной шаблонный отказ в просьбе самого Алексаняна дать ему возможность лечиться в специализированной клинике.

Март 2007 года. Одиннадцать месяцев под стражей. Василий пишет следователю Хатыпову:

«Как стало известно по результатам моего взвешивания в субботу, 10 марта, по сравнению с концом прошлого года я потерял 8 кг (было 85 кг – моя норма, сейчас 77 кг). Подобное истощение является прямым следствием развития заболевания, вызывающего ВИЧ-инфекцию в отсутствие необходимого мне и единственно возможного лечения – ВААРТ, получение которого невозможно в условиях СИЗО. Очевидно, что дальней-

шее прогрессирующее истощение прямо угрожает моей жизни. <...> В связи с этим ходатайствую о срочном рассмотрении вопроса изменения мне меры пресечения».

Хатыпов откажет, по его данным, Алексанян «может содержаться в условиях следственного изолятора без угрозы неблагоприятного развития ВИЧ-инфекции».

Адвокаты снова обращаются к генпрокурору Юрию Чайке и просят вмешаться. Генпрокурор молчит. За него ответит помощник Валерий Игнашин. В жалобе откажет. «Нарушений со стороны должностных лиц Генпрокуратуры – Лахтина, Хатыпова и Туманова – не допускалось».

28 марта тройка судей Мосгорсуда ***Полякова–Пасюнин–Аббазов*** засиливают (признают «законным» и «обоснованным») февральское решение басманной судьи Мушниковой о страже. И снова напичканное казенными штампами постановление вышестоящей инстанции, дублирующее все предыдущие. И ни слова о том, что вирусная нагрузка у человека превысила все критические нормы. Раньше хотя бы для формы писали, что состояние удовлетворительное. В этот раз тему здоровья Алексаняна вообще обходят стороной.

Леонид Невзлин: «А им было просто пофигу. Не потому, что они хотели, чтобы он умер. Просто им пофигу: лечится Вася, не лечится. Вот это равнодушие – самое страшное, что было, есть и остается в постсоветском народе и что дает такую возможность так себя вести руководящей касте. Сначала в плане Васи у меня еще были надежды на гуманизм, что они его с таким «букетом» выпустят. Ну зачем им гнобить больного человека? Он уже никуда не денется. Он уже не игрок. Зачем мучить-то? Но нет, они продержали его без лечения долго... Мне кажется, по отношению к Васе у товарищей была отдельная совсем нацистская жестокость».

Апрель 2007 года. Год под стражей. Лечение ВААРТ не начато. Защита снова просит следствие изменить меру пресечения. На это в прокуратуре Алексаняну снова предлагают признать вину и пойти на ускоренный порядок досудебного расследования. Слово – Василию (из выступления в Верховном суде 22 января 2008 года):

«В апреле месяце [2007 г.] следователь Хатыпов – я называю фамилию, потому что эти люди когда-нибудь должны понести ответственность – говорит моей защитнице: «Пусть он признает вину, пусть согласится на ускоренный порядок, и мы его выпустим». Все это время, между прочим, мне не то что лечение не назначали, меня не хотели вывозить даже на повторные анали-

Генеральная прокуратура
Российской Федерации

ул. Б. Дмитровка, 15а
Москва, Россия, ГСП-3, 125993

.04.2007 № 18/377508-06

Адвокату коллегии адвокатов
«Львова и партнеры» Львовой Е.Ю.,
адвокату Дангяну Г.А.
Кутузовский пр-зд, д. 4, корп. 1,
стр. 5, г. Москва, 121170

Уведомляю Вас, что в удовлетворении Вашего ходатайства от 03.04.2007 об изменении обвиняемому по уголовному делу №18/377508-06 Алексаняну В.Г. меры пресечения отказано.

Данное решение может быть Вами обжаловано в порядке, предусмотренном Главой 16 УПК РФ.

Старший следователь
по особо важным делам Р.А. Хатыпов

АЗ № 006134

Один из отказов следователя Радмира Хатыпова в изменении Алексаняну меры пресечения, апрель 2007 года.

зы. Это пытки, понимаете. Пытки! Натуральные, узаконенные пытки! [Они говорят,] я отказывался от лечения! Это какой же... Бред это, понимаете? Вы меня сейчас видите по телетрансляции, видимо, в черно-белом изложении. Если бы вы меня видели в зале суда, вы бы ужаснулись. У меня все на лице написано – следы от последствий тех заболеваний, которые я ношу сейчас на себе.

[Они] хотят создать на мне прецедент, преюдицию[18]. Им не надо ничего доказывать уже против Ходорковского и Лебедева, и других руководителей».

Июнь 2007 года. Один год и два месяца под стражей. Состояние Алексаняна ухудшается. Если в сентябре 2006 года (когда диагностировали заболевание) показатель иммунного статуса составлял 17% от нормы, а вирусная нагрузка была 668 000 копий (мкл), то к июню 2007 года этот показатель уменьшился до 8% с вирусной нагрузкой в 947 000 копий (мкл). Проявляются проблемы, сопровождающие ВИЧ-инфекцию в последней стадии: судороги рук и ног, анемия конечностей, кровь в кишечнике, стоматит и ряд других воспалительных процессов. Алексаняну трудно говорить и принимать пищу. При этом администрация СИЗО по-прежнему ограничивает ему передачу обычных лекарств, снимающих болевой шок. Слово – Василию (все из того же выступления в Верховном суде):

«В июне месяце [2007 г.] тяжелое обострение началось. Три недели каждый день я умолял, чтобы меня вывезли к врачу. А они вместо этого ограничивали передачу мне обычных лекарств, которые боль снимают, болевой шок. Понимаете, что они делали?! Дьявол в деталях. Меня морили голодом, холодом, я год одетый спал. Два градуса, три градуса. Вода по стенам течет. Плесень. Это XXI век. Вы что делаете?! Довели до того, что врачи уже с ужасом на меня смотрят. Вы знаете, что значат эти показатели, что оглашала Елена Юлиановна (*адвокат Елена Львова рассказывала Верховному суду, что у Алексаняна иммунный статус 4%, а вирусная нагрузка – более миллиона копий в миллилитре.* – **Ред.**)? Это на два трупа хватит. Больше ста тысяч, и уже врачи за голову хватаются. У них прибор зашкаливал».

---

18 Преюдиция – обязательность для суда, прокурора, следователя, дознавателя принять без какой-либо проверки факты, установленные ранее вступившим в законную силу судебным решением по другому делу, в котором участвуют те же лица. То есть когда решение становится доказательством по делу, которое еще не рассматривалось в судебном порядке.

Рудольф Мхитарян: «Мы подружились с Васей сразу. У нас было общее понимание, мировоззрение и главное – совпадали понятия дружбы. А дружить Вася умел». Алексанян – справа.

Дома у Оксаны Балаян, 90-е. Василий и Оксана – слева.

Юрфак МГУ. Во втором ряду, в центре сидят (слева направо) Павел Ивлев и Василий.

Оксана Балаян: «С Васей мы были абсолютно открыты друг с другом, и у нас остались такие чисто возвышенные отношения. Как оказалось, он меня от многого просто оберегал».

Свадьба Оксаны Балаян, на заднем плане – Василий Алексанян и Геворг Дангян.

Дэвид Годфри: «Вася был полон жизни, располагал к себе, такой всегда веселый, искренний. И было видно, что он человек слова». Годфри (слева) и Алексанян, 2000-е.

1993 год.Выпуск с юрфака МГУ. Впереди Гарвард и ЮКОС...
Алексанян – в нижнем ряду, справа.

После Гарварда. Традиционные посиделки дома у Алексанянов. Справа – Рудольф Мхитарян.

«Иногда казалось, что Васе море по колено. Он играл в казино, каждый вечер проводил в ресторанах, где любил заказывать русские песни... Так расслаблялся. Иначе бы выгорел. У него был слишком сильный стресс на работе», – говорит Оксана Балаян.

ВСЕ ЗВЕЗДЫ

На законных основаниях

В КРУПНОМ БИЗНЕСЕ ЮРИСТЫ СТАЛИ ЗАНИМАТЬ САМЫЕ ВЫСОКИЕ ПОСТЫ. В ПРОДВИНУТЫХ КОМПАНИЯХ БЕЗ ИХ УЧАСТИЯ УЖЕ НЕ ПРИНИМАЕТСЯ НИ ОДНО СУДЬБОНОСНОЕ РЕШЕНИЕ. «КАРЬЕРА» ПРЕДСТАВЛЯЕТ РЕЙТИНГ САМЫХ ВЛИЯТЕЛЬНЫХ КОРПОРАТИВНЫХ ЮРИСТОВ.

Александр Трушин, Елена Кулефеева

В начале правовое поле российского бизнеса было бесформенно и пустынно, и дух Беспредела носился над ним. И сидел в своем углу унылый юрисконсульт и, изнывая от безделья, дожидался, когда его спросят. Могли спросить, а могли и не спросить. А если и спрашивали: «Дозволено ли?», ответить он, пожав плечами, мог лишь одно: «Что не запрещено, то разрешено». И не было еще бума в юридических вузах, и не снились юристам престижные западные корочки LL.M. и не грезились шестизначные цифры зарплат.

Потом пришло время бурного роста нынешних гигантов отечественной экономики. Слияния, покупки, экспансия вширь, вглубь, «дочки», «внучки» — и все в предельно сжатые сроки. Но уже без перестрелок, взрывов и наездов. Потому что в то же самое время в таком же экстремальном режиме Госдума плодила законы для бизнеса. И как их только ни пинали, эти скороспелые законы, но «dura lex est lex» — и плохие законы тоже надо выполнять. А потому растущим компаниям потребовались юристы суперкласса, которые не только знали «букву», но и могли прочувствовать «дух» законов. То есть умели ими разумно пользоваться.

Вспоминая о том времени, наши консультанты и эксперты **Станислав Могилевский и Илья Самойлов** (сейчас они возглавляют единственный в стране юридический факультет АНХ, на котором готовят юристов для фирм и банков) рассказывали, что, например, Pepsi, прежде чем купить в российской провинции какой-то завод, высылала туда «разведчиков», которые досконально просматривали, все ли чисто там с юридической стороны, как родился «объект», как его приватизировали...

Василий Алексанян, победитель нашего рейтинга, вице-президент и начальник правового управления «ЮКОСа», уточняет: «Да, это нормальная прак-

ВСЕ ЗВЕЗДЫ

1 Алексанян Василий

29 лет. Вице-президент, начальник правового управления НК ЮКОС (Москва). Окончил Московский государственный университет, школу права Гарвардского университета США, LL.M. С 1992 по 1994 год — адвокатская фирма Cleary, Gottlieb, Steen&Hamilton (USA). С 1995 по 1996 год — начальник юридического департамента в инвестиционно-промышленной группе компаний SUN Group (Великобритания). В нынешней должности с декабря 1996 года.

2 Хвесюк Рушан

31 год. Начальник юридического управления ОАО «Альфа-банк». Окончил Московскую государственную юридическую академию. Работал в военном трибунале, в Управлении юстиции Московской области, Министерстве юстиции СССР, затем в юридической фирме «Легист». С 1994 года — в Альфа-банке.

3 Николаенко Игорь

[illegible]

4 Горенчиний Сергей

[illegible]

5 Клишас Андрей

28 лет. Директор по юридическим вопросам ЗАО «Холдинговая компания «Интеррос», член совета директоров ОАО АКБ «Росбанк», член совета директоров ОАО СИДАНКО, член совета директоров РАО «Норильский никель», председатель совета директоров ОАО «ГМК «Норильский никель». Окончил юридический факультет Российского университета дружбы народов. С 2000 года — аспирант кафедры конституционного, административного и финансового права РУДН. С 1995 по 1997 год — Российский фонд федерального имущества. С 1997 по 1998 год — заместитель начальника юридического управления ОНЭКСИМбанка. С 1998 года — ЗАО «Холдинговая компания «Интеррос».

6 Елисеев Борис

[illegible]

тика для Запада. У нас же в России на это обычно не остается времени, да и старый менеджмент приобретаемого предприятия зачастую не дает такой возможности. Но не купишь сегодня — завтра перехватят конкуренты. Поэтому чаще бывало так: сначала покупали, потом смотрели. И нередко уже после покупки требовалось поднимать «исторические» вопросы приватизации, соблюдения корпоративного, налогового права, выявлять признаки возможного банкротства, сомнительные долги и упущенные либо специально уведенные активы, обращаться в арбитраж и самим отвечать по искам».

Прихлынула новая волна, когда крупные компании начали поднимать купленные, но не работавшие предприятия. Юристы сосредоточились на антикризисном управлении — пошла в ход новая профессия, родившаяся на стыке экономики и права. Между прочим, и сейчас большинство героев нашего рейтинга подчеркивают, что знание экономики, а также специфики отрасли и особенностей конкретного предприятия, разумеется, необходимо. И это не просто пожелание. Закон один для всех, а в каждой отрасли правоприменительная практика разная. Например, **Владимир Дергачев («ВымпелКом»)** рассказывает, что не так просто применять нормы законодательства в области телекоммуникаций, «где совершенно новые отношения операторов и абонентов. И приходится отрабатывать процедуры взыскания денег с абонентов, заключавших договоры по подложным паспортам, или через банки взимать плату с предприятий-банкротов».

Вообще нынешним корпоративным юристам многое приходится делать впервые. **Александр Сазонов, (Нижнетагильский металлургический комбинат):** «В конце 1999 года кредиторы задались целью обанкротить НТМК. Долгов у него и правда было выше головы, но беда в том, что защищаться в суде по искам было нечем — тогда законодательство о банкротстве было не в пользу комбината. И юристы НТМК впервые в практике российского бизнеса подготовили и заключили с кредиторами крупномасштабное мировое соглашение. Да еще защитили его в арбитражных судах трех инстанций».

Словом, как говорит **Игорь Николаенко («Группа «Сибирский алюминий»)**, «нот — семь, а музыка у всех получается разная».

Битвы титанов

Кстати, об Игоре Николаенко и «Сибирском алюминии». Все, наверное, помнят нашумевшую несколько лет назад историю с толлингом, компанией Trans World Group и братьями Львом и Михаилом Черными. Дело было в том, что эта компания, которой покровительствовал бывший вице-премьер Сосковец, опутала грабительскими договорами российских производителей алюминия, и те фактически не могли распоряжаться своей продукцией. Автору этой статьи довелось тогда разговаривать со следователем МВД, который вел уголовное дело братьев Черных. Он беспомощно разводил руками: «Знаю, что они бандиты, а доказать не могу». Так вот, Игорь Николаенко, работающий в «СИБАЛе» с 1996 года, смог. Ему было тогда 28 лет (выпускник Кемеровского госуниверситета). Он организовал работу команды юристов, которая выиграла более 100 процессов по этому делу. И все, нет в российском бизнесе ни Черных, ни толлинга.

А история с международным хищником Дартом, который поднял бунт миноритарных акционеров против «ЮКОСа»? И кто укротил немереные аппетиты заморского авантюриста? Прокура-

Журнал «Карьера» в своем рейтинге «все звезды» в 2001 году признает Алексаняна самым влиятельным корпоративным юристом.

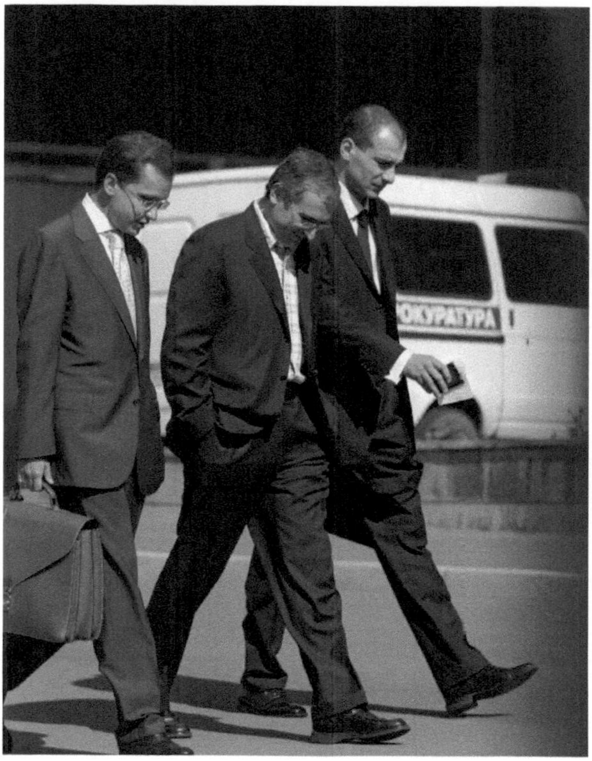

Антон Дрель, Михаил Ходорковский и Василий Алексанян после очередного визита в Генпрокуратуру, куда главу ЮКОСа вызывали по повесткам. Тучи над компанией сгущаются. 2003 год.

Антон Дрель и Василий Алексанян вскоре после ареста Ходорковского.

Фото: Коммерсантъ

2003–2005 годы: Василий – член большой команды адвокатов, представляющих интересы Михаила Ходорковского и Платона Лебедева. Еще здоров и полон сил...

Фото: ТАСС

Декабрь 2003 года. Алексанян отвечает на вопросы журналистов после того, как суд продлил арест Ходорковскому.

Фото: Коммерсантъ

Только что занявший пост исполнительного вице-президента Василий Алексанян 5 апреля 2006 года даст пресс-конференцию на тему «Текущее состояние дел в компании ЮКОС». Меньше чем через сутки его задержат.

Фото: ТАСС

В 2006 году первый заместитель генерального прокурора России Юрий Бирюков лично обратится в суд с требованием привлечь Алексаняна к уголовной ответственности. Потом г-н Бирюков получит должность сенатора и напишет книгу «ЮКОС» – без политики».

Фото: Коммерсантъ

Михаил Ходорковский: «Я убежден, что арест Василия – это исключительно сечинская инициатива. Путин к тому моменту уже передал «дело ЮКОСа» Сечину. И тот уже дальше, наверху, отмашки не спрашивал».

Задержание. Кадры оперативной съемки.

Фото: Коммерсантъ

Задержанного Василия Алексаняна ведут в зал суда, где будет рассматриваться ходатайство следствия о его аресте. 7 апреля 2006 года. Басманный суд. Начало конца...

Отец, конечно, советовал ему уезжать. Но выбором сына – остаться – гордился. Ведь тот не предал никого.
(Георгий Алексанян с Василием в день его ареста.)

Фото: ТАСС

Василий со старшим братом Гарником.

Фото: Коммерсантъ

Судья Елена Ярлыкова заключила Алексаняна под стражу легко и быстро. И так будут делать все последующие ее коллеги-судьи, невзирая на тяжелейшие заболевания Алексаняна.

Фото: ТАСС

Прокурор Валерий Лахтин (слева) будет надзирать за делом Василия Алексаняна и закрывать глаза на то, как безвозвратно быстро ухудшается его здоровье.

Следователь Салават Каримов. По словам Алексаняна, именно он неоднократно предлагал ему сделку – освобождение и лечение в обмен на показания против Ходорковского и других руководителей ЮКОСа. (Кадр из фильма НТВ «Кровавая империя Михаила Ходорковского». Следователь Каримов в нем выступил главным «ньюсмейкером».)

Михаил Ходорковский: «Я твердо уверен, что Каримов персонально и его помощница Русанова – они Василия конкретно убили. То, что они творили, – это была абсолютная пытка. Пытка с убийством в конце».

Фото: Коммерсантъ

...Отказавшийся от сделки Василий. Январь 2008 года. У него уже подтверждены несколько смертельных диагнозов.

Фото: Коммерсантъ

Ольга Егорова. Ее 20-летняя эпоха на посту председателя Мосгорсуда ознаменовалась массовыми посадками бизнеса. Подчиненные Егоровой буднично штамповали аресты и тяжелобольным, и даже беременным.

Фото: ТАСС

Фикрет Тагиев, начальник «Матросской Тишины». Вводил в заблуждение Европейский суд о состоянии и условиях содержания Алексаняна. В Страсбурге ему не поверили, там пришли к выводу, что российские власти в случае с Алексаняном нарушили статью 3 Международной конвенции «Запрещение пыток».

Фото: ТАСС

«В июне [2007 г.] тяжелое обострение началось. Три недели каждый день я умолял, чтобы меня вывезли к врачу. А они вместо этого ограничивали передачу мне обычных лекарств, которые снимают болевой шок... Меня морили голодом, холодом, я год одетый спал. Два градуса, три градуса. Вода по стенам. Плесень...», – сильно ослабленный Василий (его даже не решились вывезти на заседание) рассказывает Верховному суду о поступавших ему предложениях следствия. Василия не освободят. 22 января 2008 года.

Фото: Коммерсантъ

«Я прожил 36 лет, я закончил два высших университета в мире – и никогда не думал, что со мной может такое случиться. Я жил, растил ребенка, а кто-то решил взять меня и уничтожить. И это очень просто, оказывается, в нашей стране...» (Василий – журналистам в Симоновском суде, февраль 2008 года.)

Фото: Коммерсантъ

«Васина история, его мучения, нелечение, выбивание у него показаний – она для меня очень личной стала в части отношения к оппонентам», – говорил потом Антон Дрель.

Фото: Коммерсантъ

Генпрокурор Юрий Чайка и глава Следственного комитета Александр Бастрыкин в упор не замечали поступающие сигналы SOS от Алексаняна и его защиты. Для обоих ЮКОС был особым государевым делом.

Фото: ТАСС

Зима 2008 года. Василий совсем плох. Несмотря на это, ему снова продлевают стражу.

Фото: Коммерсантъ

Уполномоченная от России при Европейском суде по правам человека Вероника Милинчук, протеже тогдашнего министра юстиции Владимира Устинова, утверждала в Страсбурге, что Алексанян «сам отказывается от лечения...».

Февраль 2008 года, городская клиническая больница № 60 на шоссе Энтузиастов в Москве. ФСИН оперативно приварила к окну палаты Алексаняна решетку. «Вдруг он решится на побег?»

Академик и выдающийся российский врач-гематолог Андрей Воробьев, один из немногих, кто пытался продлить Алексаняну жизнь.

Фото: ТАСС

Фото: ТАСС

Выдающийся доктор, академик Андрей Иванович Воробьев – чей отец, тоже врач, в 1936-м был расстрелян, а мать провела 10 лет в лагерях – сверх профессионального долга всегда сражался за многих больных заключенных – «экономических», «политических», разных. Лично приходил в суды, объяснял черным мантиям, почему человека нельзя отправлять по этапу – в тюрьме тот просто умрет...

Фото: Коммерсантъ

1 февраля 2008 года. Василий на заседании Симоновского суда Москвы.
У него уже конечная и самая тяжелая стадия болезни, плюс онкология и букет других смертельных заболеваний. Ему было тяжело стоять. Но из-под стражи суд его не отпустил...

Фото: Коммерсантъ

В какой-то момент Алексанян скажет своим адвокатам: «Я погибаю». Они ничего не смогут сделать. Никто ничего не сможет сделать.

Фото: Коммерсантъ

Игорь Шувалов, однокурсник Василия Алексаняна. Человек, который называл себя другом. Но выбрал свой путь. Комфортный и безопасный.

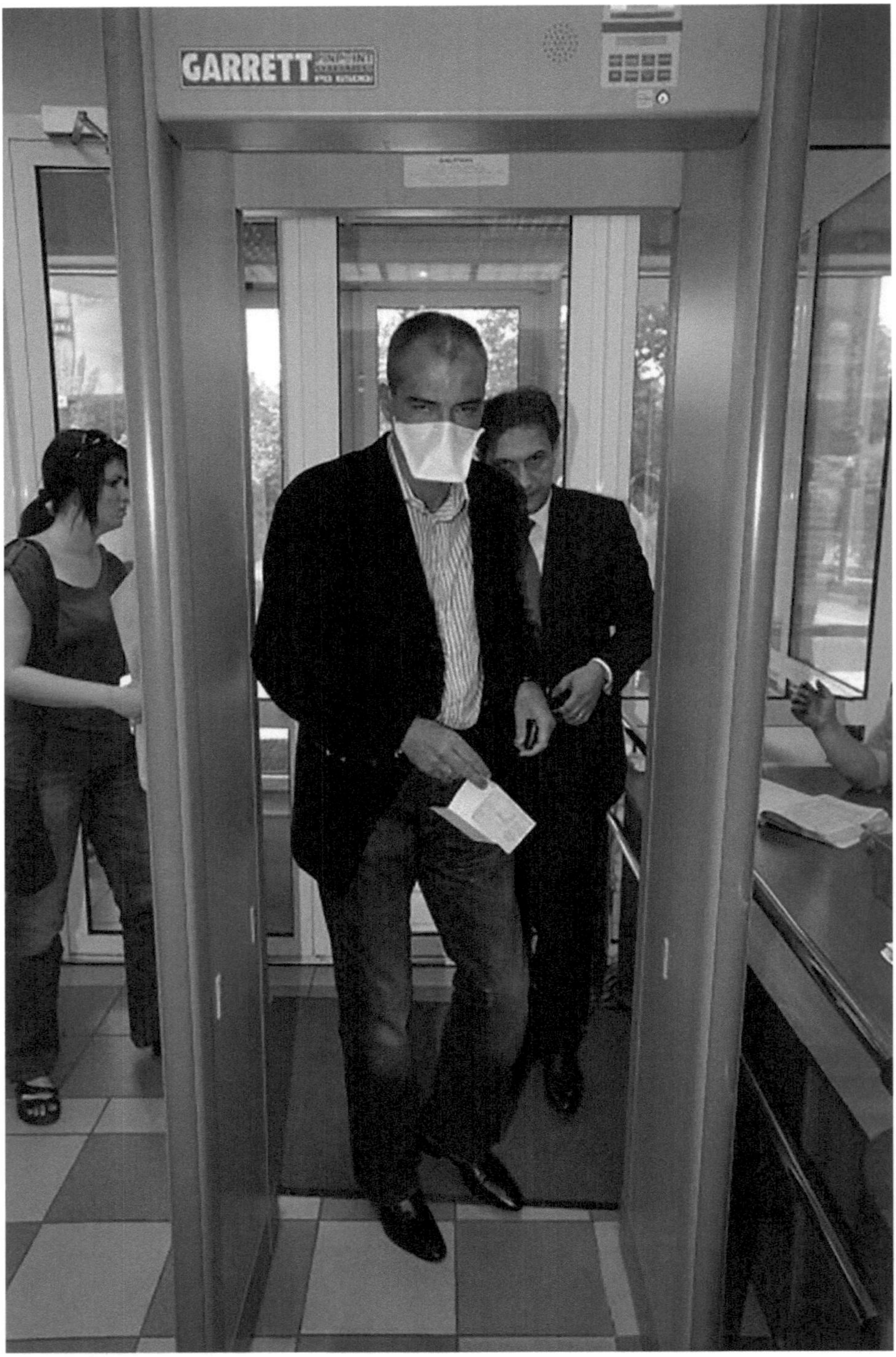

Фото: РИА Новости

2010 год. Василий перед заседанием суда, на котором рассматривался вопрос о закрытии его уголовного дела за истечением сроков давности. Дело закроют. Но его здоровье уже уничтожено в тюрьме. Через год Алексаняна не станет.

Фото: Коммерсантъ

Сечина смертельно больной Алексанян в своих последних интервью прямо называл заказчиком всего, что с ним произошло.

Правая часть установленной на кладбище стелы – в память о двух его молодых дедах и дяде, пропавших без вести на войне. А левую часть занял он. С его неполной сорокалетней жизнью Василий там старше всех.

Фото: Новая газета

Платон Лебедев и сын Василия Алексаняна Георгий в лицее-интернате «Подмосковный» в Кораллово, 2019 год.

В июне Алексанян просит должностных лиц Генпрокуратуры обеспечить его вывоз в МГЦ СПИД на осмотр. Не вывозят, хотя он официально состоит там на диспансерном учете.

Зато 4 июня приказом ***Ивана Прокопенко,*** начальника ФГУ ИЗ 99/1 ФСИН РФ (ныне Следственный изолятор № 1), Василия помещают в карцер. Причина – якобы он «не исполнил» требование сотрудника изолятора. Правда, фамилию сотрудника Алексаняну не сообщают, как и не раскрывают суть «неисполненного требования». В карцере Алексаняна продержат 10 суток. После освобождения оттуда, к концу июня, его состояние резко ухудшается. Привожу дневник Василия за тот период (составлен из его оставшихся без ответа жалоб на имя Гриня и Чайки).

Дневник Василия

22 июня 2007 года:

«Сегодня утром, в 8.15 (примерно), я на утренней проверке обратился к ДПНСИ (*дежурный помощник начальника следственного изолятора.* – **Ред.**) с просьбой вызвать врача, так как испытываю серьезные проблемы, связанные с обострением фолликулярной инфекционной ангины (мне трудно есть) и обострением хронического воспаления среднего уха с левой стороны (гнойные выделения с кровью, я стал хуже слышать на левое ухо). Однако врач так и не пришел»[19].

25 июня 2007 года:

«Мой иммунитет катастрофически снижается, а количество вируса в крови увеличивается.

В настоящий момент чувствую, как ежедневно теряю силы, меня беспокоят судороги рук и ног, анемия конечностей, кровь в кишечнике и отделяемой из носоглотки мокроте, вновь возникающие поражения кожного покрова, рецидивирующие воспаления в ротовой полости, повторяющиеся инфекционные ангины, хронический отит, который вызывает проблемы со слухом, боли в области печени, в области щитовидной железы. Я уже не говорю о хронических воспалительных процессах в бронхах, органах зрения.

19 Заявление Алексаняна В.Г. в следственные органы Генеральной прокуратуры РФ от 22.06.2007.

Фактически это является умышленным медленным убийством, финал которого неминуем и близок»[20].

26 июня 2007 года:

«Острый стоматит превратил мою ротовую полость, язык, гортань в одну сплошную рану, я с трудом могу говорить и с трудом ем, так как испытываю невыносимую боль. <...> В гортани образовались болезненные опухоли, отекает правый глаз. Употребление таблеток, которые без осмотра специалистами мне выданы по устному описанию симптомов с моих слов фельдшером, никакого эффекта не дает.

Я вынужден каждые несколько часов пить сильные обезболивающие. <...>

Считаю, что первостепенную ответственность «за сложившуюся ситуацию» несет Генеральная прокуратура, которая в лице следователя Хатыпова, действующего в сговоре с зам. генпрокурора Гринем, каждый раз ходатайствует перед судом о продлении мне срока содержания под стражей, представляя в суд заведомо ложные справки о том, что состояние моего здоровья «удовлетворительное», и мне в СИЗО «оказывается медицинская помощь»[21].

27 июня 2007 года:

«Сегодня утром осматривающий меня врач изолятора подтвердил наличие автозного стоматита, в качестве лечения моя ротовая полость была вымазана зеленкой. При этом врач сказал, что мне нужно прекратить применение препарата «Ацикловир», который был рекомендован мне еще в октябре 2006 года врачом МГЦ СПИД. На мой вопрос, почему, мне было сказано, что это новая методика. Это неслыханно. Я первый раз слышу о методике, в соответствии с которой бы резко прекратился прием медикаментозной терапии при утяжелявшемся течении заболевания. Для продолжения лечения мне был выдан пузырек зеленки и таблетки фурацилина для полоскания. Как прекратить боли, которые сводят меня с ума и не дают мне есть и пить, а также снять отек с пол-лица, мне сказано не было»[22].

---

20 Ходатайство Алексаняна В.Г. в следственные органы Генеральной прокуратуры РФ от 25.06.2007.

21 Заявление Алексаняна В.Г. в следственные органы Генеральной прокуратуры РФ от 26.06.2007.

22 Заявление Алексаняна В.Г. в следственные органы Генеральной прокуратуры РФ от 27.06.2007.

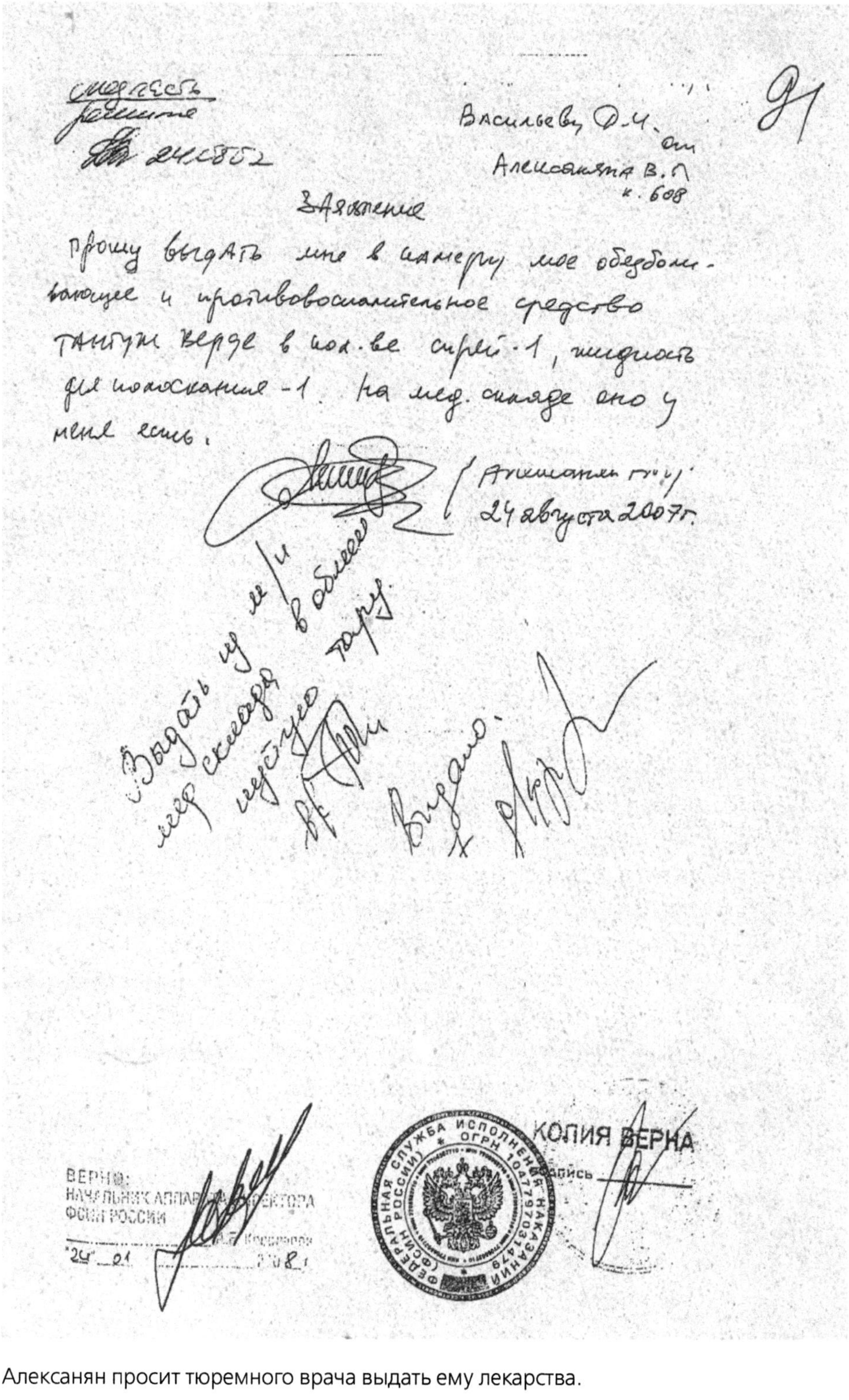

91

Медчасть
решите
24.08.07

Васильеву Ф.И.
от
Алексаняна В.Г.
к. 608

Заявление

Прошу выдать мне в камеру мое обезболивающее и противовоспалительное средство Тантум Верде в кол-ве спрей - 1, жидкость для полоскания - 1. На мед. складе оно у меня есть.

(Алексанян В.Г.)
24 августа 2007 г.

Выдать из м/ч мед склада в облегченную тару

Выдано

ВЕРНО:
НАЧАЛЬНИК АППАРАТА ДИРЕКТОРА
ФСИН РОССИИ
"24" 01 2008 г.

ФЕДЕРАЛЬНАЯ СЛУЖБА ИСПОЛНЕНИЯ НАКАЗАНИЙ (ФСИН РОССИИ) ОГРН 1047797031479

КОПИЯ ВЕРНА
Подпись

Алексанян просит тюремного врача выдать ему лекарства.

Леонид Невзлин: «Что бьет по нервам – так это две вещи. Что Вася слишком рано ушел и что до сих пор им за это ничего не было. Все его выступления и жалобы просто душу рвут. Если искренне, я не ждал, что и Ходорковского выпустят живым. Я же видел, что наше дело рассматривается с особой жестокостью и правосудие к нему не имеет никакого отношения. Я прекрасно понимал, что людей, которые попали туда, могут просто запытать и зашантажировать. Поэтому ко всем нашим посаженным я относился как к людям пропавшим. Это неправильное, наверно, чувство, но это моя эмоциональная позиция – позиция человека, который спасся, уехав из страны.

Мне кажется, если бы я оказался в российской тюрьме, то в живых я бы точно не остался. Замучили бы. Поэтому у меня всегда был один совет ко всем сотрудникам – бегите. Эта позиция была с первых дней – после ареста в июне 2003-го Пичугина, потом в июле Лебедева. Мы поняли, что товарищи не отстанут. Некоторые сотрудники уезжали из страны, даже не заезжая в Москву. Из Томска, откуда угодно... Я лично про себя понимал, что если туда попаду, то у меня будет выбор: подписать все, что они хотят, и выйти, или не идти против своей совести и, возможно, погибнуть. К сожалению, с Васей так и получилось. Я, правда, не предполагал, что именно так все с ним будет, – ему будут отказывать в лечении...»

Июль 2007 года. Один год и три месяца под стражей. Василий начинает страдать от сильных головных болей. Он обращается к следователю Хатыпову с просьбой направить его на лечение в специализированную гражданскую клинику. Чтобы не решать ничего самому, Хатыпов сообщает, что оказание медицинской помощи Алексаняну «входит в компетенцию органов уголовно-исполнительной системы», и пересылает его обращение в ФГУ ИЗ 99/1 ФСИН России. Должностные лица ФГУ ИЗ 99/1 делают вид, будто не понимают, что смертельная болезнь заключенного прогрессирует, и присылают Хатыпову удобный для него ответ: «Состояние здоровья Алексаняна В.Г. 1971 г.р. на настоящий момент удовлетворительное. Участвовать в следственных мероприятиях может» (*и. о. начальника* ***Д. И. Васильев*** *и и. о. начальника медчасти* ***Т. В. Мысенкова***). «Назначаемое лечение он получает в полном объеме, консультируется у врачей различной специализации» (*замначальника управления по надзору за законностью исполнения уголовных наказаний* ***С. М. Тараканов***).

Можно я ничего не буду комментировать?

Ссылаясь на эти справки, Хатыпов в очередной раз отказывается изменить Алексаняну меру пресечения.

Старшему следователю по особо важным делам Генеральной Прокуратуры РФ г-ну Хатыпову Р.А.

адвоката Львовой Е.Ю.
121170, г. Москва, Кутузовский проезд, д. 4, корп.1
Коллегия адвокатов «Львова и Партнеры»
Тел. 148-52-84, факс 148-60-03

адвоката Дангяна Г.А.
121170, г. Москва, Кутузовский проспект, д. 36, стр. 3, офис 530
Московская коллегия адвокатов «Тимошенко и Партнеры»

в защиту Алексаняна Василия Георгиевича

ХОДАТАЙСТВО
(об изменении меры пресечения)

С 22.06.07 г. состояние здоровья Алексаняна В.Г. резко ухудшилось. Так, показатель иммунного статуса Алексаняна В.Г. (СД 4 лимфоцитов) в сентябре 2006 г. составлял от нормы 17 % (абсолютное количество - 199), а в мае 2007 г. этот показатель уменьшился до 8 % (абсолютное количество - 77). Вирусная нагрузка в сентябре составляла 668.000 копий (мкл), а в мае 2007 г. уже 947 000 копий (мкл).

С 22 июня 2007 г. и по настоящее время у Алексаняна В.Г. проявились так называемые вторичные заболевания, сопровождающие ВИЧ-инфекцию: судороги рук и ног; анемия конечностей; кровь в кишечнике и отделяемой из носоглотки мокроты; автозный стоматит, воспаление среднего уха, распространившееся на верхнюю и нижнюю челюсть, фолликулярная ангина. Всё это сопровождается нестерпимой болью, трудно говорить и принимать пищу.

С момента проявления этих симптомов Алексанян В.Г. стал обращаться в следственные органы Генеральной прокуратуры РФ и ФГУ ИЗ 99/1 ФСИН России с заявлениями о срочном вывозе его в МГЦ СПИД для обследования и оказания квалифицированной медицинской помощи.

Стр. 101-103. Адвокаты со ссылкой на медицинские данные информируют следователя Хатыпова о реальном состоянии Алексаняна и просят освободить того из под стражи, июль 2007 года.

2

Однако на протяжении двух недель Алексаняну В.Г. специфической медицинской помощи по основному и вторичным заболеваниям не оказали и не обеспечили его вывоз в МГЦ СПИД, где он состоит на диспансерном наблюдении.

Это свидетельствует о том, что в условиях содержания под стражей Алексаняну В.Г. не может быть гарантировано инициирование и проведение специфической терапии ВААРТ, которая ему показана в связи со стадией 3А ВИЧ-инфекции.

Подтверждением этому служит тот факт, что его ходатайство, адресованное следственным органам Генеральной Прокуратуры РФ от 25.06.07 г. об обеспечении ему гарантий лечения ВААРТ при условии возможного возникновения последствий от применения химиотерапевтических препаратов, осталось без рассмотрения.

Никто, ни судебные медики, которые в заключении судебно-медицинской экспертизы отказались отвечать на вопрос: возможно ли осуществление лечения Алексаняна В.Г. в условиях СИЗО; ни следователь Хатыпов Р.А., который вместо обеспечения лечения, известил Алексаняна В.Г. о направлении его ходатайства в ФГУ ИЗ 99/1 ФСИН России; ни, наконец, должностные лица ФГУ ИЗ 99/1 ФСИН России, которые ведут формальную переписку с МГЦ СПИД, делая вид, что они не понимают, что болезнь Алексаняна В.Г. прогрессирует и носит смертельный характер, никто из перечисленных лиц не в состоянии обеспечить конституционное право на жизнь Алексаняна А.Г. и оказание ему медицинской помощи по имеющимся у него заболеваниям в условиях следственного изолятора.

Каждое должностное лицо, имеющее отношение к решению вопроса о лечении Алексаняна В.Г. в условиях СИЗО, самоустранилось от ответственности за принятие такого решения.

На основании изложенного,

3

ПРОСИМ:

1. Немедленно освободить Алексаняна Василия Георгиевича из-под стражи, из-за невозможности в условиях содержания под стражей гарантировать Алексаняну В.Г. обеспечение его лечения ВААРТ.

2. Избрать Алексаняну В.Г. любую иную меру пресечения, не связанную с лишением свободы.

ПРИЛОЖЕНИЕ:

1. Справка МГЦ СПИД о результате лабораторного анализа крови Алексаняна В.Г. от 29.05.2007 г.
2. Адвокатский запрос в МГЦ СПИД № 551-П от 24.05.2007 г. и ответ на него от 09.06.2007 г. №341.
3. Адвокатский запрос в МГЦ СПИД № 555-П от 31.05.2007 г. и ответ на него от 09.06.2007 г. № 340

Львова Е.Ю.

Дангян Г.А.

05.07.2007 г.

Генеральная прокуратура
Российской Федерации

ул. Б. Дмитровка, 15а
Москва, Россия, ГСП -3, 125993

Адвокату коллегии адвокатов
«Львова и партнеры» Львовой Е.Ю.,
адвокату Дангяну Г.А.
Кутузовский пр-зд, д. 4, корп. 1,
стр. 5, г. Москва, 121170

16.07.2007 № 18/377508-06

На № ____________

Уведомляю Вас, что в удовлетворении Вашего ходатайства от 05.07.2007 об изменении обвиняемому по уголовному делу №18/377508-06 Алексаняну В.Г. меры пресечения отказано.

Данное решение может быть Вами обжаловано в порядке, предусмотренном Главой 16 УПК РФ.

Старший следователь
по особо важным делам Р.А. Хатыпов

АЕ № 025436

Еще один отказ следователя Хатыпова...

10 июля его вывозят на осмотр в МГЦ СПИД. Результаты лабораторного исследования крови показывают, что иммунный статус неуклонно снижается, количество СД4+ лимфоцитов составляет уже 6% от нормы. Критический уровень. Но остаться на лечение в больнице следствие Алексаняну не дает. У него уже нет выхода, и он соглашается начать прием терапии в условиях СИЗО. Перед этим врачи МГЦ СПИД информируют его о возможных побочных эффектах. Защитники направляют запрос на имя начальника ФГУ 99/1 ФСИН России с просьбой сообщить, может ли администрация обеспечить условия для проведения терапии ВААРТ в изоляторе. Главный вопрос – если Алексаняну станет вдруг резко плохо после приема лекарства, сможет ли врач СИЗО оказать ему экстренную помощь? Из ответа, полученного **более чем через два месяца (!)**, следует, что администрация СИЗО всю ответственность за лечение возлагает на самого Алексаняна и вообще не гарантирует, что к заключенному придет врач, если наступит ухудшение. Ну и конечно, никто не гарантирует Алексаняну, что даже если тюремный врач и придет, то он будет в состоянии оперативно и профессионально справиться с побочными эффектами терапии.

При таких условиях Алексанян не может проходить курс терапии в СИЗО. Умоляет отправить его в МГЦ СПИД, где есть специально обученные и квалифицированные врачи – его врачи. В переводе в клинику ему отказывают. Власти РФ впоследствии, отвечая на вопросы Европейского суда по делу «Алексанян против Российской Федерации», напишут, что тот сам «отказался от лечения ВААРТ». Страсбург в это не поверит.

Август 2007 года. Один год и четыре месяца под стражей. 8 августа судья Мосгорсуда ***Кузнецова Н. С.*** продлевает срок содержания Алексаняна под стражей до декабря 2007 года. В ее постановлении – ни слова о реальном состоянии заключенного. Кузнецова отказалась вызвать в суд его лечащего врача из МГЦ СПИД, доверившись справкам из ФСИН о том, что «состояние здоровья Алексаняна находится под контролем медицинских работников СИЗО».

Алексанян уже физически не в состоянии знакомиться с материалами дела. Непрекращающиеся головные боли, потеря веса, судороги, повышенная температура, боли в ротовой полости, пищеводе и желудке обессилили его. По воспоминаниям адвокатов, в какие-то моменты он уже не мог воспринимать информацию на слух. В тот период он им скажет: «Я погибаю»[23]. Они ничего не смогут сделать. Никто ничего не сможет сделать.

---

23 Из материалов дела.

Сентябрь 2007 года. Один год и пять месяцев под стражей. У Алексаняна начались приступы гектической лихорадки. Ее еще называют изнуряющей или истощающей. Это когда суточные колебания температуры тела у человека достигают 3–5 °С, при этом подъемы температуры с быстрым спадом могут повторяться несколько раз в течение суток. Этот тип лихорадки является наиболее тяжелым и опасным, может закончиться летальным исходом. ФСИН вывозит Василия на короткий осмотр в МГЦ СПИД, врачи которого обнаружат еще ряд оппортунистических заболеваний: опоясывающий лишай[24], повреждение тканей печени, явные признаки неврологических проблем с проявлением энцефалопатии (органических поражений головного мозга), полиневропатии (поражений нервов, соединяющих спинной мозг с остальным телом), оптической атрофии[25] и дистрофии роговицы глаза[26]. Глазные яблоки впали, Алексанян страдает от хронического блефарита (воспаление краев век, трудно поддающееся лечению). У него глубокий иммунодефицит.

7 сентября исполняющий обязанности начальника Главного следственного управления Следственного комитета при (ГСУ СК) прокуратуре РФ **Дмитрий Довгий**, «учитывая сложный и большой объем работы» по уголовному делу Алексаняна, поручает производство предварительного следствия по нему следственной группе из 10 человек, прикомандированных из Волгоградской, Кировской, Вологодской, Свердловской, Белгородской, Брянской, Нижегородской областей и Республики Мордовия. Возглавить следственную группу поручают следователю по особо важным делам ГСУ СК при прокуратуре РФ Вадиму Логинову.

Октябрь 2007 года. Один год и шесть месяцев под стражей. «*Подтверждаю, что снижение количества CD4+ лимфоцитов до 59 кл/мкл, а в последнем анализе – до 35 кл/мкл (5%) (норма – 600-19-00, 35–65%) свидетельствует о глубоком иммунодефиците*», – пишет лечащий врач Алексаняна из инфекционной клинической больницы № 2 М.В.Галина. Она предупреждает, что оппортунистические заболевания «могут привести к летальному исходу». Адвокаты Львова и Дангян перенаправляют это за-

24 Опоясывающий лишай – заболевание вирусной природы, характеризующееся односторонними герпетиформными высыпаниями на коже с сильным болевым синдромом.

25 Атрофия зрительного нерва – тяжелый процесс разрушения волокон нервной ткани. Обширная атрофия истончает столб нерва, здоровые ткани замещаются глиальными, блокируются мелкие сосуды. Главная опасность оптической нейропатии – абсолютная слепота, которая имеется у 20–25% людей с таким диагнозом.

26 Дистрофия роговицы – группа невоспалительных наследственно обусловленных заболеваний, снижающих прозрачность роговой оболочки глаза.

Первому заместителю Генерального прокурора РФ,
Председателю Следственного комитета при Генеральной прокуратуре РФ
Бастрыкину А.И.

адвокатов Львовой Е.Ю.
Дангяна Г.А.

адрес для корреспонденции:
КА «Львова и Партнеры»
121170, г. Москва, Кутузовский пр-д, д. 4, корп. 1, тел. 148-5284, факс 148-6003

в защиту Алексаняна Василия Георгиевича по уголовному делу № 18/377508-06

ХОДАТАЙСТВО

Уважаемый Александр Иванович!

Провозглашенный Вами и ожидаемый обществом возврат к ранее утраченным ценностям «нравственности», «совестливости» и «порядочности» в деятельности органов предварительного расследования позволяет нам обратиться к Вам с настоящим ходатайством с уверенностью в том, что впервые на протяжении последнего года наши доводы будут услышаны и вопрос, который ставится нами, получит свое единственно возможное и справедливое разрешение, исходя из основополагающих принципов уголовного судопроизводства, и, в первую очередь, обеспечения гуманного обращения с лицом, подвергнутым уголовному преследованию, и исключения несоразмерного ограничения его прав.

Мы полагаем, что действия и решения, которые принимались в отношении Алексаняна В.Г. ранее, демонстрируют полное игнорирование принципов законности и справедливости и могли быть мотивированы чем угодно, но только не выполнением задач уголовного судопроизводства.

Алексанян В.Г. уже на протяжении 18 месяцев находится под стражей на стадии предварительного следствия, и срок его заключения продлен до 20 месяцев.

Такое положение с учетом того обстоятельства, что предъявленное Алексаняну В.Г. обвинение не содержит особо тяжких составов преступлений, само по себе не только вызывает недоумение, но и является примером прямого попирания принципа разумности срока предварительного заключения.

Стр. 107-109. О критическом состоянии Алексаняна защитники информируют Бастрыкина, октябрь 2007 года".

7

Как следует из ответа лечащего врача-инфекциониста из МГЦ СПИД Галиной М.В. на запрос защитников:

«снижение количества СД4+ лимфоцитов в последнем анализе до 35 кл/мкл (5%) (норма – 600-1900, 35%-65%) **свидетельствует о глубоком иммунодефиците. У больного в настоящее время не представляется возможным исключить развитие любого оппортунистического заболевания, которое возможно, будет трудно поддаваться лечению и, в конечном итоге может привести к летальному исходу.»**

Не представляется возможным понять, каким конституционно оправданным целям может служить удержание под стражей лица, обвиняемого в совершении преступлений экономической направленности, практически слепого и страдающего неизлечимым заболеванием, которое достигло той стадии, когда врачи констатируют возможность наступления летального исхода в любой момент.

Промедление в разрешение вопроса, о немедленном освобождения из-под стражи, который ставится нами, крайне опасно для жизни нашего подзащитного.

Проще говоря, сточки зрения современной медицины, ситуация, в которой в настоящее время находится Алексанян В.Г., является тупиковой, т.к. возможность наступления летального исхода – это вопрос не месяцев и недель, а дней. Настоящее ходатайство фактически является решением вопроса жизни и смерти.

Безусловно, что задачи, которые ставятся Вами, и в том числе, подлинное обеспечение принципов нравственности, совестливости, порядочности не могут быть реализованы в одночасье в силу ряда объективных и, в большей части, субъективных причин.

Однако, совершенно очевидно, что внедрение указанных принципов и демонстрация обществу подлинной их реализации на практике, будет осуществляться посредством принятия конкретных решений, отвечающих провозглашенным принципам и букве закона.
Решение, о принятии которого мы настоящим ходатайствуем, относится к таковым.

Оно будет являться подтверждением того, что жизнь человека – это высшая ценность в нашем обществе, и право на жизнь не может быть ограничено никакими публичными интересами.

8

На основании изложенного, просим:

Отменить или изменить меру пресечения Алексаняна В.Г. на не связанную с лишением свободы.

Приложение:

1. Ответ на адвокатский запрос из ФГУ ИЗ 99/1 ФСИН России от 11.09.2007 г. с приложенным результатом анализа УЗИ, касающимся обнаружения опухоли печени;

2. Ответ на адвокатский запрос из МГЦ СПИД от 11.09.2007 г. с приложением выписки из медицинской карты Алексаняна В.Г., фиксирующей ухудшение зрения видящего глаза до -10;

3. Адвокатский запрос № 571-П от 19.07.2007 г. в ФГУ ИЗ 99/1 ФСИН России об обеспечении гарантии безопасности здоровья Алексаняна В.Г. при проведении ВААРТ в условиях СИЗО;

4. Ответ на адвокатский запрос из ФГУ ИЗ 99/1 ФСИН России от 24.09.2007 г.;

5. Ответ на адвокатский запрос лечащего врача-инфекциониста Галиной М.В. от 26.09.2007 г. о глубоком иммунитете у Алексаняна В.Г. с приложением результатов анализа крови на показателях иммунитета и вирусной нагрузки.

С уважением, адвокат Львова Е.Ю.

адвокат Дангян Г.А.

05 октября 2007 года

ключение главе Следственного комитета Александру Бастрыкину и просят изменить Алексаняну меру пресечения. Бастрыкин не отвечает. А его подчиненный, следователь Вадим Логинов, своим постановлением оставляет умирающего Василия под стражей, отмечая, что обстоятельства, послужившие основанием для избрания ареста, «не изменились».

Консилиум врачей-специалистов МГЦ СПИД после очередного анализа крови констатирует, что ВИЧ-инфекция у больного перешла в более тяжелую стадию – из 3 А в 3 Б. Показатель клеток CD4 снизился до 23 единиц: 4% от нормы. Эта стадия заболевания сопровождается бактериальными поражениями внутренних органов, кожи и слизистых оболочек. Консилиум настаивает на срочной госпитализации Алексаняна в МГЦ СПИД – единственное на тот момент в Москве учреждение, которое может оказать специализированную экстренную помощь.

Но следствие на заключение консилиума врачей внимания не обращает. Словно этот консилиум и не собирался вовсе...

Защита связывается с доктором Дэвидом А. Хокинсом, британским экспертом в области СПИДа и врачом-консультантом больницы Челси и Вестминстера. Изучив течение болезни Алексаняна, Хокинс среди прочих рекомендаций (естественно – немедленно начать лечение) замечает: *«Если бы [больной] находился в заключении в Соединенном Королевстве, он, несомненно, был бы выпущен на свободу по соображениям милосердия или, по крайней мере, переведен в специализированную больницу»*.

Но Россия – не Соединенное Королевство. Вместо помещения Алексаняна в стационар 26 октября 2007 года его перебрасывают из одного московского изолятора в другой, где помещают в инфекционное отделение тюремной больницы.

В конце октября в Следственном комитете, очевидно, поняли, что у них «будет труп». И виновными будут они, а не Генпрокуратура, у которой «дело ЮКОСа» они перед этим забрали себе. Следователь Логинов вдруг «принимает во внимание состояние здоровья обвиняемого» и выносит постановление об изменении вице-президенту ЮКОСа меры пресечения с содержания под стражей на залог.

«Тубонарь, на выход!»

Ноябрь 2007 года. Год и семь месяцев под стражей. Противостояние получившего самостоятельность в расследовании уголовных дел Следственного комитета и Генпрокуратуры набирает обороты. Представитель Генпрокуратуры ***Олег Коловайтес*** просит Басманный суд отказать в удовлетворении ходатайства следователя Логинова об освобождении Алексаняна под залог.

Из протокола судебного заседания 2 ноября 2007 года:

Прокурор Коловайтес: «Ваша честь, я ознакомился с представленным материалом (*ходатайством следователя о залоге.* – **Ред.**) в полном объеме. Из материала следует, что состояние здоровья Алексаняна В. Г. ухудшается. Данный вопрос необходимо проверить. В связи с этим я прошу суд назначить соответствующую проверку. Для ее проведения потребуется около 10–20 дней... Кроме того, я прошу суд принять во внимание то обстоятельство, что Алексанян обвиняется в совершении преступления, относящегося к особо тяжким деяниям. Возражаю против избрания меры пресечения в виде залога».

Адвокат Дангян: «Ситуация выглядит абсурдно. Я вообще не понимаю, какое отношение к данному ходатайству имеет прокурор?»

Адвокат Львова: «Человека выписывают из СИЗО умирать. Что может подтвердить экспертиза, которую хочет провести прокуратура? Судебно-медицинская экспертиза уже указала, что у Алексаняна смертельное заболевание и что он может содержаться в специализированном учреждении только при лечении его определенным образом. Почти год был пропущен, не осуществлялось лечение. Со всеми вытекающими отсюда последствиями. Его иммунитет снизился до 23 единиц вместо 1000 и составляет 3%. Чем у нас обосновал прокурор такое ужасное отношение к жизни человека? Высокая сумма ущерба? На данный момент арестовано уже все имущество».

Алексанян: «Ваша честь, я себя чувствую подопытным животным. Сначала прокурор Лахтин попросил отложить рассмотрение ходатайства следователя, сегодня прокурор Коловайтес просит отложить еще на 20 дней. Это издевательство. А если в следующий раз придет другой прокурор? Ситуация настолько абсурдна, что если убрать все наносные вещи (ущербы – мы не рассматриваем дело по существу) – это моя смерть. Ситуация дошла до того, что само следствие закричало: «Госпитализировать его немедленно!» Какие документы хочет получить прокурор? Хочет проверить лабораторию, которая делала мне анализы? У меня иммунитет менее 3%. <...> Ситуация изменилась, наступил критический момент. Какие 15 дней? Я от простуды могу умереть. Я бьюсь головой об стену, что мне делать?.. Я прошу удовлетворить ходатайство следователя и дать мне шанс еще пожить».

Судья ***Андрей Расновский*** шанса не дает и оставляет Алексаняна в СИЗО.

В этом месяце Василия еще неоднократно будут доставлять в суды (где все его просьбы об освобождении проигнорируют). При этом он будет проходить через общую процедуру сборки. «Сборка» – это когда заключенных из разных СИЗО набирают в один автозак и развозят по судам. Заключенные в автозаке стоят как селедки в бочке. А теперь представьте, что в такую бочку четырежды за месяц впихивали человека с глубоким иммунодефицитом.

Слово Василию: «2 ноября вечером при транспортировке из Басманного суда в СИЗО я провел более 2 часов в тесном накопителе, площадью около 40 метров, где находилось около 80 человек (битком), из которых, как выяснилось, более 20 лиц страдали туберкулезом, что стало ясно, когда сотрудник СИЗО открыл дверь и объявил нам: «Тубонарь, на выход!»[27]

Спустя месяц врачи диагностируют у Василия туберкулез легких.

9 ноября 2007 года следователь Логинов выносит постановление, диаметрально противоположное тому, что он вынес всего несколько дней назад. Если в конце октября он решил отпустить Алексаняна под залог, то на этот раз отказывает ему в освобождении и перекидывает ответственность с себя и суда на ФСИН. Именно тюремщики, по мнению следователя, должны решать, следует ли отправлять Алексаняна в специализированное медицинское учреждение, или нет. А ФСИН говорит, что решать должно следствие... И никто в итоге ничего не решает.

В Следственном комитете из-за Алексаняна идет какая-то странная возня. Складывается впечатление, что то первоначальное решение следователя Логинова о залоге, не согласованное с властями, в СК стараются тщательно спрятать. Потому что если наверху узнают о столь опрометчивой и «дерзкой» попытке освободить из-под стражи фигуранта «дела ЮКОСа», скандала будет не избежать. Так, 27 ноября Дмитрий Довгий (уже не и.о., а полноценный руководитель Главного следственного управления Следственного комитета при прокуратуре РФ) задним числом отменяет октябрьское постановление следователя Логинова об освобождении Алексаняна под залог. Сам Логинов к тому моменту уже успевает «исправиться» и в очередной раз оставляет Алексаняна в тюрьме.

Извините, если вы уже устали читать эту хронологию убийства. Но я не могу без нее обойтись.

27 Из материалов дела.

15 ноября судья Мосгорсуда ***Дмитрий Фомин*** продлевает Алексаняну арест. К оправданию содержания смертельно больного человека в СИЗО Фомин подходит творчески. Не ссылаться же, ей-богу, на одни и те же глупые и поддельные справки тюремных медиков.

Из протокола судебного заседания:

Судья Фомин: *«В настоящем уголовном деле в силу тяжести и количества предъявленных обвиняемому обвинений имеются общественный интерес и значимость, которые,* ***с учетом презумпции невиновности, оправдывают отступление от принципа уважения личной свободы*** *и не позволяют принять решение об изменении обвиняемому меры пресечения на какую-либо другую, не связанную с лишением свободы»*.

Или:

«Срок, на который следователем предлагается продлить обвиняемому содержание под стражей, является разумным и достаточным, при должных ***добросовестности и распорядительности****»*.

Через два года Дмитрий Фомин уйдет на повышение – в заместители главы Мосгорсуда Ольги Егоровой.

Мне кажется, в нашей стране уже давно пора вешать таблички на здания судов, где людей лишали не только свободы, но и жизни. На Симоновском районном и Московском городском судах, например, должны быть таблички «Здесь сокращали жизнь смертельно больному Василию Алексаняну»; на Тверском – «Здесь мучили Сергея Магнитского»; на Лефортовском – «Здесь регулярно оставляли под стражей больного и пожилого ученого Виктора Кудрявцева»; на Тверском – «Здесь гражданского активиста Сергея Мохнаткина сослали в колонию, где он был убит», ну и так далее...

Правило 39 и предложение от следователя Русановой

Поздней осенью 2007 года о трагической ситуации вокруг исполнительного вице-президента ЮКОСа Василия Алексаняна становится известно Европейскому суду по правам человека. Подачу жалобы в Страсбург организует и финансирует Дэйв Годфри. Он находит американского адвоката, специализирующегося на правозащитной направленности, – Дру Холинера. Ему активно помогают Ивлев, Мхитарян, а также российские адвокаты Дангян и Львова.

Холинер сперва направляет в ЕСПЧ ходатайство о принятии неотложных мер в порядке «Правила 39 Регламента Суда». Это правило применяется всегда, когда есть угроза жизни заявителя на родине. Холинер со товарищи снабдил Страсбург доказательствами, проливающими свет на реальную картину происходящего вокруг смертельно больного юриста опальной в России компании.

Изучив данные по Алексаняну, ЕСПЧ реагирует молниеносно. Уже на следующий день после получения всех медицинских заключений и анализов суд в Страсбурге выносит предписание российскому правительству – немедленно положить Василия в больницу, специализирующуюся на лечении СПИДа и сопутствующих заболеваний.

Российское правительство молчит. Зато в изолятор к Алексаняну аккурат в эти дни приходит следователь Генпрокуратуры Татьяна Русанова. Цена вопроса та же: дать показания на высший менеджмент ЮКОСа в обмен на освобождение.

Слово Василию: «15 ноября [2007 г.] мне продлили срок содержания под стражей, а 27 ноября ко мне заявилась следователь Русанова Татьяна Борисовна, которая всегда была ближайшей помощницей Салавата Кунакбаевича Каримова. И сделала мне опять то же самое предложение, в этот раз в присутствии одного из моих защитников. Ничего не стесняясь. «Дайте показания, и мы проведем еще одну судебно-медицинскую экспертизу и выпустим вас из-под стражи». А когда Европейский суд вынес свое указание Российской Федерации – немедленно меня госпитализировать, она (*Русанова Т.Б.* – **Ред.**), уезжая в командировку, передает моему адвокату через следователя Егорова, который ходит ко мне: «Предложение остается в силе». Плевать они хотели на Европейский суд! Им надо из меня показания выбить, потому что им процесс нужен постановочный».

«Русанова – ведьма, следователь в юбке, очень жестокая и циничная, – говорит мне Павел Ивлев, работавший в адвокатском бюро АЛМ «Фельдманс», которое оказывало ЮКОСу юридические услуги и подверглось преследованию. – Кстати, она по-прежнему работает в Следственном комитете, генерала уже получила. Вполне себе состоявшаяся по ее меркам. Знаю, что на заочный суд по мне в 2018 году она лично обзванивала людей – свидетелей – и всячески их вразумляла, чтобы явились».

Свидетели на заочный суд над юристом Ивлевым явились. Самого его приговорили к 10 годам – за «хищение нефти» ЮКОСа. В 2004-м Павел сделал свой выбор – после очередного допроса в Генпрокуратуре, не заезжая домой, улетел из страны и остался жив. За судьбой своего однокурсника Васи Алексаняна наблюдал уже по новостям, находясь в США.

...После очередного отказа Алексаняна лжесвидетельствовать против руководства ЮКОСа следует такой же очередной – наверное, тысячный по счету – отказ следствия менять Василию меру пресечения. 30 ноября 2007 года адвокаты кладут на стол следователя Логинова предписание Европейского суда о срочной госпитализации доверителя в гражданскую клинику. Логинов назовет бумагу «не заверенным должным образом документом» и оставит Василия в тюрьме.

В эти дни в приемной уполномоченного от Российской Федерации при Европейском суде ***Вероники Милинчук*** было весьма нервозно. На нее свалилось не только предписание Страсбурга по Алексаняну, которое на самом верху велели игнорировать, но еще и звонки от его адвокатов, требовавших исполнить предписание. Они звонили ежедневно, порой по несколько раз в день. От них шли факсы... Секретарям было велено говорить, что Милинчук нет на месте. Секретари молодой чиновницы справлялись со своей работой успешно: «ее не было на месте» ни сегодня, ни завтра, ни послезавтра, ни послепослезавтра...

Наконец, предписание Страсбурга адвокаты лично показывали главе «Матросской Тишины» ***Фикрету Тагиеву***. Тот морщился, юлил и водил адвокатов за нос, требуя, например, чтобы те излагали все свои просьбы (а просьба была одна – выполнить предписание Европейского суда) в «письменном виде» и «передали через канцелярию». Но в какой-то момент под напором защиты Тагиев не выдержит и скажет прямо: «Те, кто решает, те и будут решать».

«Те» уже все решили. Как раз в те дни ЮКОС был официально разгромлен властями – Федеральная налоговая служба внесла в Единый государственный реестр юридических лиц запись о ликвидации компании. Судьба главного юриста этой компании, который сунулся ее спасти, «тех» уже не волновала.

...Очередной звонок адвокатов в приемную Милинчук так достал ее секретарей, что они признались: начальнице известно о жалобе «Алексанян против России» и о предписании Европейского суда, «но у нее нет времени для обсуждения этого дела, поскольку она готовится к командировке в Страсбург».

ДЕЛО «АЛЕКСАНЯН ПРОТИВ РОССИЙСКОЙ ФЕДЕРАЦИИ»
(Жалоба №46468\06)

ВОПРОСЫ

1. Было ли состояние здоровья заявителя как таковое совместимо с содержанием его под стражей? Получил ли заявитель в следственном изоляторе необходимую при его состоянии здоровья медицинскую помощь? Если нет, то была ли нарушена в таком случае статья 3 Конвенции?

2. Был ли заявитель лишен свободы в нарушение пункта 1 статьи 5 Конвенции? В частности:
(а) Было ли содержание заявителя под стражей совместимо с его состоянием здоровья с точки зрения российского законодательства?
(б) Основывалось ли заключение заявителя под стражу на «обоснованном подозрении» в отношении него?
(в) Почему суды отказались исследовать доказательства, на которые ссылалось обвинение в своем требовании о заключении под стражу?

3. Нарушила ли продолжительность предварительного заключения заявителя условие «разумного срока» пункта 3 статьи 5 Конвенции? В частности:
(а) Были ли его арест и содержание под стражей основаны на «существенных и достаточных причинах», оправдывающих лишение свободы?
(б) Было ли расследование проведено «с особой тщательностью» ввиду того факта, что заявитель содержался под стражей?

4. Имел ли заявитель в своем распоряжении какую-либо эффективную процедуру, при помощи которой он мог оспорить законность его содержания под стражей, как того требует пункт 4 статьи 5 Конвенции? В частности:
(а) Почему суды отказались исследовать доказательства, на которые ссылалось обвинение в своем требовании о заключении под стражу?
(б) Почему суды отказали заявителю в освобождении из-под стражи по причине состояния здоровья, если следователь ходатайствовал об этом? Были ли в распоряжении заявителя иные средства судебной защиты, позволяющие ему добиться освобождения?

5. Имело ли место нарушение права заявителя на уважение его жилища, предусмотренного статьей 8 Конвенции, вследствие обыска, проведенного генеральной прокуратурой в апреле 2007 года?

6. Отнеслись ли органы власти с уважением к праву заявителя на подачу индивидуальных ходатайств, гарантированному статьей 34 Конвенции? В частности, полностью ли соблюдало правительство временную меру, установленную судом 27 ноября 2007 г.? Подвергался ли заявитель какому-либо давлению в связи с подачей им жалобы в Суд?

Европейский суд ставит перед российским правительством вопросы по ситуации вокруг Алексаняна. Страсбург уже вынес предписание о его срочной госпитализации в гражданскую больницу, осень 2007 года.

АДВОКАТСКАЯ ПАЛАТА г. МОСКВЫ
Львова и Партнёры
КОЛЛЕГИЯ АДВОКАТОВ

...170, Россия, Москва, Кутузовский проезд, д. 4, корп. 1, стр. 5
тел. +7 (095) 148-52-84, 148-37-32, 148-61-03. Факс: +7 (095) 148-60-03
http://www.lprt.ru
e-mail: office@lprt.ru

в Европейском суде по правам человека,
Заместителю министра,
Милинчук Веронике Владимировне

адвокатов Львовой Е.Ю.
Дангяна Г.А.

адрес для корреспонденции:
121170, г. Москва, Кутузовский проезд, д. 4, корп.1
Тел. (495) 148-52-84, факс (495) 148-60-03

в защиту Алексаняна Василия Георгиевича
(по доверенности от 05.07.2007 г.)

Исх. № 635-П
г 06. 12. 2007 года

Уважаемая Вероника Владимировна!

29.11.2007 года мы просили Вас оказать содействие в исполнении Указания Европейского Суда по правам человека по делу №46468/06 «В.А. против России» о немедленном обеспечении Алексаняну В.Г. лечения в специализированной больнице по лечению СПИДа и сопровождающих болезней.

По информации из ГСУ СК при Прокуратуре РФ, а также ФГУ ИЗ 77/1 УФСИН России по г. Москве, в их адрес документы, касающиеся Указания Европейского Суда, из Вашей канцелярии не поступали.

В связи с этим просим сообщить:

1. Когда, в какие органы , каким образом и какие документы по делу №46468/06 «В.А. против России» были Вами направлены?
2. Есть ли у Вас подтверждение получения этими органами вышеуказанных документов?
3. Известна ли Вам причина, по которой до сих пор не исполнено Указание Европейского Суда по правам человека от 27.11.2007г. в отношении Алексаняна В.Г.?

В связи со срочностью ответ просим направить по тел. факсу адвокатского офиса: 148-60-03

С уважением,

Коллегия адвокатов "Львова и Партнеры" Москва

адвокат Львова Е.Ю.

адвокат Дангян Г.А.

Один из адвокатских факсов в адрес Вероники Милинчук с просьбой исполнить предписание Страсбурга. Осталось без ответа. Осень 2007 года.

– Но вообще-то состояние Алексаняна таково, что он умирает... – скажет один из защитников.

Милинчук к трубке так и не позовут.

Декабрь 2007 года. Год и восемь месяцев под стражей. 6 декабря защита Алексаняна направляет официальный запрос Веронике Милинчук, интересуясь причинами задержки исполнения предписания Страсбурга. Милинчук не отвечает. В тот же день защита направляет письмо Юрию Калинину, тогдашнему руководителю ФСИН, требуя исполнить предписание Европейского суда. Калинин не отвечает. Защита пишет жалобу Бастрыкину, требуя того же самого. Бастрыкин не отвечает. Снова пишет Милинчук. Та снова не отвечает...

Саботаж вызван паникой и желанием потянуть время, чтобы не исполнять предписание ЕСПЧ. Одновременно власти руками тюремщиков предпринимают попытки поторговаться с самим Василием, чтобы он все-таки отказался от всех своих многочисленных жалоб.

12 декабря в камеру Алексаняна наведывается один из сотрудников администрации СИЗО. Адвокат Василия о визите узнает позже. Должностное лицо интересуется, имеются ли у подследственного жалобы на условия содержания. Тот говорит: главная жалоба заключается в том, что его до сих пор не перевели в МГЦ СПИД. Также Алексанян сообщает, что суд в Страсбурге уже проинформирован о визитах к нему в изолятор следователя Русановой и содержанием ее предложений. В тот же день к Алексаняну в камеру приходит замначальника СИЗО, заверяет, что на следующий день тот обязательно будет переведен в МГЦ СПИД. А пока Василию предлагают подписать заявление о том, что у него «не имеется жалоб» на администрацию изолятора. Василий подписывать отказывается.

На следующий день ни в какую больницу его, конечно, не переведут.

А визиты сотрудников ФСИН к нему продолжатся. Например, госпожа ***Анастасия Чжу*** представится Алексаняну заместительницей главы УФСИН по Москве, стандартно поинтересуется, есть ли жалобы, сделает вид, что удивлена неисполнением предписания Страсбурга, и заверит, что глава УФСИН по Москве Давыдов уже утвердил его перевод в МГЦ СПИД. Даже «покажет» «письмо Давыдова» на имя начальника «Матросской Тишины» Тагиева, но в руки не отдаст, зато попросит подписать другую бумагу – заявление о том, что Алексанян не имеет никаких жалоб к ФСИН... Получив отказ, Чжу уйдет, естественно, не оставив хотя бы копию письма о переводе Алексаняна на лечение. Как нетрудно догадаться, никакого волшебного письма и не было. Даже Тагиев, которому оно «было адресовано», о нем не знал.

Следователю по особо важным делам
ГСУ СК при прокуратуре РФ
Логинову В.Н.

Копия: Председателю Следственного комитета
при прокуратуре РФ
Бастрыкину А.И.

Адвокатов: Львовой Е.Ю.
Дангяна Г.А.

Адрес для корреспонденции:
115191, г. Москва, 4-ый Рощинский проезд,
д. 19, офис 102
тел: (495)954-1746
(495) 954-0067

в защиту Алексаняна Василия Георгиевича

ХОДАТАЙСТВО
(об изменении меры пресечения)

22 октября 2007 года в связи с высокой температурой Алексаняну В.Г. в СИЗО было проведено рентгенологическое исследование легких, по результатам которого никакой патологии выявлено не было.

23 октября 2007 года по результатам осмотра врачей МГЦ СПИД было установлено, что заболевание ВИЧ-инфекция, которым страдает Алексанян В.Г., перешло в следующую более тяжелую стадию вторичных заболеваний - 3Б, **и было настоятельно рекомендовано обследовании и лечении в специализированном стационаре МГЦ СПИД.**

26 октября вместо помещения в указанный стационар Алексанян В.Г. был переведен из ФГУ ИЗ-99/1 ФСИН России в инфекционное отделение больницы при ФГУ ИЗ-77/1 УФСИН России по г. Москве.

27 ноября и 06 декабря 2007 года Европейский Суд по правам человека (ЕСПЧ) дал Указание властям РФ обеспечить незамедлительное помещение Алексаняна В.Г. в стационар, специализирующийся на лечении СПИДа и сопутствующих заболеваний.

Однако, ни заключение врачей МГЦ СПИД по результатам осмотра 23.10.2007 года, ни Указания ЕСПЧ от 27.11.2007 года и 06.12.2007 года выполнены не были.

Еще одна отчаянная попытка достучаться до следствия. Это уже сигнал SOS.

Они издевались над Алексаняном, как шпана из подворотни над бездомным псом.

19 декабря Василия под конвоем вывозят в Басманный суд, где судья ***Артур Карпов*** по ходатайству следователя Логинова ограничит обвиняемого в сроках ознакомления с материалами дела. Следствию хочется быстрее начать судебный процесс, Алексанян с его смертельными болезнями, терапиями, госпитализациями и предписаниями Страсбурга в их планы не входит.

Из протокола судебного заседания:

Судья Карпов: «Судом принимается во внимание необходимость реализации назначения уголовного судопроизводства, обеспечения прав и законных интересов лиц и организаций, потерпевших от преступлений обвиняемого *(потерпевшими значились отошедшие «Роснефти» «дочки» ЮКОСа – Прим.* **Ред.***)*, а также их право на доступ к правосудию».

Право Алексаняна на жизнь и на это самое правосудие как-то не обсуждалось в принципе.

20 декабря тюремщики вывозят Алексаняна в МГЦ СПИД. Не на госпитализацию, лишь на осмотр. Врачи делают Василию биопсию лимфоузла и диагностируют онкологию – Т-клеточную лимфому. Нужно срочно начинать химиотерапию.

Следователь Логинов и его начальство в курсе (защита предоставила им справки врачей МГЦ СПИД), но отвечают очередным отказом на ходатайство об изменении меры пресечения Алексаняну...

Я на короткое время прерву хронологию. Потому что уже не могу...

Оскотинившиеся

– А как ты думаешь, чем они оправдывают свою б... ую деятельность? – неожиданно спросила меня в декабре 2019 года наш газетный менеджер по рекламе, аполитичная мать двоих детей, красавица блондинка Наташа, с которой мы делили один кабинет. Наташа имела в виду «московское дело» и следователей с судьями, которые его рьяно лепили, пакуя участников митингов в СИЗО и в колонии часто на реальные сроки. Из-за лета-2019 с его массовыми арестами от Наташиной аполитичности не осталось и следа.

– Что? – переспросила я, отрываясь от томов дела Алексаняна. В тот момент я как раз фотографировала заключения консилиума врачей о его за-

Вх 758-П
15.01.08

Следственный комитет
при прокуратуре
Российской Федерации

ул. Б. Дмитровка, 15а
Москва, Россия, ГСП – 3, 125993

21.12.2007 № 18/377508-06

КА «Львова и партнеры»

Адвокату Львовой Е.Ю.

Адвокату Дангяну Г.А.

Кутузовский проезд, д.4, кор.1,
г. Москва, 121170

Сообщаю, что постановлением от 21.12.2007 в удовлетворении Вашего ходатайства от 14.12.2007 отказано.

С постановлением об отказе в удовлетворении ходатайства Вы можете ознакомиться в Главном следственном управлении Следственного комитета при прокуратуре Российской Федерации (г. Москва, Технический пер., д. 2) и обжаловать в порядке, предусмотренном главой 16 УПК РФ.

Следователь по особо важным делам В.Н. Логинов

АБ № 016482

...И очередной отказ следователя Логинова.

шкаливающей вирусной нагрузке и однотипные постановления следователей и судей о его аресте. И я не знала, что ответить Наташе. Потому что уже несколько месяцев сама искала ответ на этот вопрос – чем все эти русановы, каримовы, карповы, логиновы и иже с ними оправдывали и оправдывают свою работу, когда им приходится рассматривать заказные дела.

Нет, понятно, что они относятся к категории людей, которые ставят стену между собой и подследственными/подсудимыми. Иначе ведь с ума сойти можно. Но если речь идет о подследственном, по которому видно, что он не жилец... Чем в принципе можно в XXI веке оправдать тот факт, что ты лично, своим решением по закону можешь отпустить смертельно больного человека (не насильника и не убийцу) под домашний арест/залог/подписку и не делаешь этого?

Вот уже несколько месяцев я тупо искала и не находила в интернете фото следователя Татьяны Русановой, той самой, которой наравне с Каримовым посвящен не один абзац в постановлении Европейского суда по жалобе «Алексанян против России». Мне просто хотелось понять, как выглядит женщина-следователь (сравнительно молодая), способная предлагать другому человеку – которому осталось не так-то много – такие сделки. С Каримовым-то как-то все понятнее. Он к тому моменту – аресту Алексаняна – уже забронзовел окончательно. А ей... Ей было лет 35. Мне интересно, рефлексировала ли она иногда по поводу того, что делает? 16 лет входить в следственную группу по делу ЮКОСа, отправлять людей в СИЗО, шантажировать детьми, болезнями... Спятить же можно. Но Русанова не спятила, не попала в дурку... Не так давно получила генерала. Работает. Сегодня ей лет 45...

Кстати, смерть подследственных у нее была не одна. Весной 2011 года с 12-го этажа жилого дома выбросился бывший рядовой сотрудник ЮКОСа Геннадий Леоненко, находившийся на подписке. Выбросился через несколько дней после того, как следствие было закончено и уголовное дело вот-вот должны были передать в суд. Следствие вела Татьяна Русанова[28].

По рассказам знающих ее адвокатов (не имевших отношения к защите Алексаняна), Русанова упертая и идейная. Была прикомандирована в Москву из Курска. Возглавляя следственную группу по «делу ЮКОСа», считала и считает, что защищает интересы государства. В своей правоте уверена. На этом деле выросла. Каримов для нее – учитель и отец родной. Сотрудники ЮКОСа – враги народа. А в борьбе с врагом все средства хороши.

---

28 «Новая газета», № 43 от 22 апреля 2011 года. «Фигуранты дела ЮКОСа: у кого-то есть санкция на ликвидацию?»

Что мило: как ни в чем не бывало может общаться с адвокатами этих фигурантов, как бы проводя грань: работа у каждого своя.

Общительная. Любит анекдоты. Ничто человеческое не чуждо... Возвращаясь из очередной командировки из Читы, где велось второе дело МБХ и Лебедева, перед вылетом в аэропорту согревалась водочкой. Ну что ж. Все люди и всюду жизнь.

Из таких идейных она была не одна. Там еще был целый эшелон. Впрочем, часть прикомандированных из регионов молодых следователей делали свою работу без фанатизма. И потом с этого эшелона соскочили, уехав обратно домой, – не выдержали. А остальные пошли на повышение.

Из женщин среди оставшихся она была одна. Неужели ничего не екнуло, когда узнала, что у человека последние стадии смертельных заболеваний? И какие чувства вообще испытывала, когда шла к нему в СИЗО и повторно предлагала сделку? В чем ее секрет? Чем она себя оправдывала? И вообще мыслила ли такими категориями – может, ей вообще не приходило в голову заниматься самооправданием?

– Ты от своей Русановой слишком много требуешь, – говорит мне бывший следователь, а ныне успешный московский адвокат Марина Андреева.

Она 9 лет проработала следователем в одной из районных прокуратур Москвы. Ушла, когда нахамила жене одного из своих подследственных. И это хамство было не в первый раз. Марина в какой-то момент посмотрела на себя со стороны и поняла, что лично для нее это тупик. В ней зключился тревожный звонок. Нет, я, конечно, делаю скидку на то, что Марина из хорошей семьи, что она начитана, что она любит театр и вообще очень разносторонняя. Но даже если следователь Русанова из трижды неблагополучной семьи, если она не читает книг в принципе, неужели в ней ни разу за эти 16 лет работы следователем по «делу ЮКОСа» не включился тревожный звонок? Две смерти, десятки искалеченных судеб...

– Нет, ты много требуешь от нее, – повторяет мне Марина, когда я пытаюсь с ней спорить. – Твоя Русанова, конечно, может быть, гестаповка, но ты уверена, что даже если бы эта гестаповка захотела выйти из следственной группы, она бы Алексаняну в той ситуации помогла?

– Конечно, нет. Даже если бы она перестала заниматься подобным шантажом и уволилась, Алексаняна шантажировали бы другие следователи. Но я не могу понять, почему у 35-летней женщины не включилось осознание того, что предлагать такое смертельно больному человеку – дико и антигуманно.

– Потому что закон не работает. Потому что если бы твоя Русанова знала, что за то, что она творит, ее потом могут наказать, снять, уволить, посадить, она бы этого не делала. И другие бы этого не делали. Но они знали, что им ничего не будет. И им в итоге ничего не было. Хотя они фактически лишили человека жизни. Будучи силовиком, ты оскотиниваешься, понимаешь? В нормальных странах, где работает право, оскотинившиеся тоже существуют, но над ними есть сдерживающие факторы и контроль. Там в тюрьмах не происходит пыток, потому что должностные лица знают: они будут за это судимы. Взять Алексаняна: если бы у нас была нормальная прокуратура, нормальный суд, то какие бы незаконные методы Русанова ни применяла, они так или иначе были бы пресечены. А в нашем государстве это невозможно. Тот же Каримов знал, что государство его не накажет.

Эти люди ощущают за собой мощь государства, его защиту. Когда я сдала удостоверение следователя, я, наверное, года два еще чувствовала себя небезопасно, словно я безоружная. Любая власть – в том числе власть над подследственным – растлевает, дает ощущение, что ты избранный. Она и меня развращала.

– Но ты же ушла, остановилась, потому что не смогла.

– Останавливаются только те, кто хочет меняться, сохранить себя, кому действительно важно не превратиться в быдло. Это мучительно, когда ты осознаешь, что деградируешь в своих глазах. Когда я нахамила жене подследственного, я испугалась именно того, что теряю то, что мне нравилось в себе с юности, теряю ту, которой была. Я испугалась, что перестаю быть человеком, становлюсь сукой, понимаешь? Это не значит, что я хороший человек и поэтому взяла и ушла. Просто я очень боялась потерять себя окончательно. Плюс мне стало жалко жену подследственного, притом что ее муж был тварь последняя, фээсбэшный стукач, участвовавший в похищениях людей. Редкостная гадина. Но это не важно. А важно то, что, во-первых, я не имела права хамить его родным. Во-вторых, государство, которое сажает людей в тюрьму, должно нести за этих людей в тюрьме ответственность. Кто бы это ни был: тот фээсбэшный стукач, маньяк Чикатило, или смертельно больной Алексанян, или еще кто-то. Это нам в институте преподавали: если государство лишило человека свободы (не важно, за что), государство должно за него в тюрьме отвечать.

Один мой коллега, адвокат, а в прошлом тоже следователь прокуратуры, как-то сказал: «Знаешь, чем следователи отличаются от всех остальных людей? Они всегда думают: а что будет дальше?» То есть если ты понимаешь, что тебе за твои незаконные действия глотку перегрызут, выгонят с волчьим билетом, то ты этого делать не будешь.

– Но у нас это не работает.

– Не работает. Начнет работать, когда вернется закон, и при условии, если этот закон будет соблюдаться. Эта следовательница Русанова, если бы она жила и работала в правовом государстве, она бы подумала: «Так, если я сейчас откажусь Алексаняна кошмарить, мне придется уволиться. Его будет кошмарить другой следователь. Но я лично не буду виновна, мне не дадут срок, мое имя не будут склонять». И в принципе она была молодая девка, у нее руки-ноги целы, она могла уйти... Но она жила в другой стране и потому спокойно продолжила работать. При этом ей было понятно: Алексаняна нужно отпускать по медицинским показателям, тем более что ему инкриминировали не особо тяжкое, а просто тяжкое преступление, за которое грозило меньше 10 лет.

Почему не взять с него залог, он же богатый? Но это было политическое дело. Именно с ЮКОСа силовики начали отвязываться окончательно. Было дано добро на колоссальное нарушение закона. Ведь так работать легче, не нужно ничего особо доказывать, напрягаться. Им просто дали команду «фас». А показания его были очень нужны. И вот у таких зверей, как она, получалось лучше всего зверствовать. Ты говоришь: женщина. А женщины в этой системе порой жестче мужиков себя ведут. И потом, ты не маленькая уже и должна понимать: люди не равны, есть быдло, которое никогда не рефлексирует по поводу того, что оно делает.

– Хочется понять психологию быдла.

– Хочется – перечитай Достоевского. Зверство – от необразованности, точнее, от формально полученного образования, от недостаточности ума, от отсутствия кругозора, от отсутствия желания смотреть, что происходит в мире, в твоей сфере, в чужих сферах, в литературе, в искусстве, в политике... Люди вешают себе шоры на глаза. И становятся быдлом. Большинство работающих в правоохранительных органах – это глупые, абсолютно не читающие и ничем не интересующиеся люди. Да, следователи и полицейские часто имеют дело с худшими представителями человечества – насильниками, убийцами, ворами. Ты не можешь сочувствовать им. И тебе кажется, что все, кто попадается тебе, такие. Ты все время видишь перед собой плохое. Вот это профессиональная деформация. И чем дольше ты работаешь, не имея нравственных принципов, тем больше ты начинаешь этой властью упиваться и смотреть на всех без разбора как на мусор под ногами.

И это у них не ложное понимание данной им государством власти. Это истинное понимание – в реалиях нашей страны. Твоей Русановой комфортно работается. Ей не о чем задумываться, она уже давно провела эту грань: есть она, и есть мусор, подследственные. Не важно кто – Алексанян или бедняк какой-нибудь – но если ты в СИЗО, то ты для нее просто грязь под ногами. Как им не чувствовать себя царями жизни? Это развращает донельзя.

Профессиональная деформация у меня лично началась года через два. Помню молодого парня, подследственного. Он, «в состоянии алкогольного опьянения», поссорился с сожительницей (она тоже была пьяна) и задушил ее подушкой. Она была так пьяна, что не смогла оказать сопротивления. Это квалифицировалось как убийство без отягчающих обстоятельств. Я его отправила под стражу. Он болел туберкулезом и в итоге умер в СИЗО. Уже прошло много лет. Но я все равно чувствую себя виноватой. Да, он убил человека. Казалось бы, какие ко мне вопросы, с чего я-то чувствую себя виноватой? А с того, что это я его в СИЗО засунула и он там умер.

И не важно, что Алексанян умер не в СИЗО, а уже на свободе. Это должностные лица долго держали его, больного, в тяжелых условиях изоляции, без медицинской помощи. На свободу они его уже выбросили умирать.

«Меня реально поставили на край могилы»

6 декабря 2007 года Европейский суд выносит второе предписание российским властям незамедлительно госпитализировать Алексаняна в гражданскую клинику. Москва игнорирует и это решение.

21 декабря Страсбург выносит третье предписание и предлагает российским властям создать медицинскую комиссию по лечению Алексаняна. Создать на двусторонней основе – из независимых врачей, предложенных защитой, и врачей, назначенных властями. Из правительства РФ в ЕСПЧ приходит ответ, что Алексанян может пройти «адекватное лечение» и в медицинской части СИЗО, а его обследование смешанной медицинской комиссией «противоречит российскому законодательству».

Василий не выдерживает и впервые за все время своей тюремной эпопеи решает предать огласке то, что с ним творят (не раскрывая свои диагнозы). Он через адвокатов распространяет большое обращение к российской и мировой общественности: рассказывает и о предложенных Каримовым и Русановой сделках, и о том, что еще до суда доведен до предсмертного состояния («Власти Российской Федерации реально поставили меня на край могилы...»), и про то, что чиновники не исполняют решения Европейского суда. «Я призываю российское и международное сообщество остановить процесс бесконечного, бессмысленного избиения людей, имевших хоть какое-то отношение к НК «ЮКОС». Презумпция невиновности, закрепленная российской Конституцией, не должна превращаться в фикцию и легко попираться в угоду чьим бы то ни было интересам. Алексанян В.Г. СИЗО. 26.12.2007 г.».

Дело под Новый год. Обращение публикуют пара сайтов правозащитной направленности, но оно остается незамеченным широкой общественностью. ФСИН, СК, Милинчук по-прежнему держат глубокую оборону и игнорируют адвокатские звонки, факсы, письма, а также жалобы от самого Алексаняна. И одновременно Милинчук шлет в Европейский суд бессмысленные бюрократические отписки – как потом точно отметит Алексанян, «на плохом английском языке» – в том числе о том, будто он «сам отказывался от терапии».

ЕСПЧ установит, что это не соответствовало действительности.

Не верил в то, что Алексанян не хотел лечиться, и Дэйв Годфри. Он был единственным, кто из всех друзей знал еще до ареста Василия, какой у того диагноз. Алексанян сам ему рассказал и просил найти хорошего врача в Европе. И Годфри было точно известно, что Василий, при всей его нелюбви к ЗОЖ, на свободе принимал лекарства. Дэйв тогда быстро смог найти ему ведущего врача, который консультировал Алексаняна вплоть до самого ареста.

«Он был личным врачом принцессы Дианы. И я знал, что врач лечил Васю. Вася ответственно подходил к лечению. И поэтому я не верю в то, что он «отказывался от терапии», как говорили представители СИЗО, или что он якобы «получал надлежащее медицинское обслуживание» в тюрьме. Если бы получал, то не умер бы так быстро...»

«Вася не должен был умирать», – все повторяет Дэйв.

Январь 2008 года. Один год и девять месяцев под стражей. Согласно последнему обследованию, иммунный статус Алексаняна составляет 4%, вирусная нагрузка – более миллиона копий в миллилитре.
В начале января Страсбург снова требует от российских властей направить Алексаняна в специализированную гражданскую клинику. Но и это предписание Москва игнорирует, отказываясь как-либо сотрудничать с ЕСПЧ.

Верховный суд России тем временем признает законным очередное продление стражи. Трое судей ВС безучастно слушают ту самую речь уже тяжелобольного Алексаняна, который выступал по видеотрансляции из СИЗО.

А после заседания прокурор ***Владимир Хомутовский*** взял и без какого-либо разрешения Алексаняна и защитников озвучил журналистам его диагноз. Произошло это, когда журналисты решили уточнить у прокурора, какую конкретно жалобу Алексанян просил приобщить на суде. В ответ

Хомутовский не просто сказал, что жалоба касалась состояния здоровья, а углубился: «Да там в дополнениях к 12-й странице жалобы речь о заболевании СПИДом».

Странно, что должностное лицо не знало про Федеральный закон о неразглашении врачебной тайны. Преследовал ли прокурор этим шагом цель как-то унизить и опорочить Алексаняна в глазах общественности, одному богу известно. Кажется, преследовал – в силу ущербности и отсутствия ума. В любом случае эффект вышел обратным. Журналистов не заинтересовал ни диагноз, ни то, как и где Алексанян мог заразиться ВИЧ. Журналистов и общество (ту небольшую, но нормальную его часть) заинтересовало, почему умирающего юриста ЮКОСа не лечат, а гнобят в СИЗО. И с этого дня – 16 января 2008 года – в стране началась кампания солидарности с Василием Алексаняном. За его судьбой стали пристально следить российские и зарубежные СМИ.

Но с мертвой точки сдвигалось все очень медленно.

К концу января терапия ВААРТ так и не была начата, как и химиотерапия, и лечение туберкулеза. Вместо больницы Алексаняна 30 января вывезли в Симоновский районный суд Москвы, где огромное скопление народа, – прокуратура и следствие хотели начать судебный процесс. Были назначены предварительные слушания. Журналисты и публика (а их прибыло в разы больше, чем в Верховный суд), увидев идущего по коридору в окружении спецназа Алексаняна, впали в ступор: это живой труп. Мир увидит эти кадры из суда...

Фотографы впоследствии будут договариваться между собой и отключать вспышку, чтобы «не слепить» глаза больного Алексаняна.

В первый день заседания в клетке ему становится плохо. У него температура и судороги. В суд приезжает скорая...

В информационном пространстве все новости только о смертельно больном юристе ЮКОСа.

Кажется, эта поддержка его тогда и оберегала. Он проявлял чудеса выживания. Иначе объяснить, почему человек с такими диагнозами еще не умер, было невозможно.

Платон Лебедев во время заседания в Читинском суде (где обжаловал незаконный арест по второму делу) передаст публично через адвокатов, чтобы Алексанян дал на него, Лебедева, любые требуемые следствием лживые показания, если это может спасти Василию жизнь: «Я не знаю, как помочь Алексаняну, находясь здесь, в клетке, но я готов дезавуировать свои, моей защиты выступления в суде, если это как-то поможет. Прошу передать ему, что он может и имеет право (в данной ситуации) давать любые против меня показания, лишь бы для него закончилась эта пытка, лишь бы он сохранил жизнь».

Ходорковский в читинской колонии объявит голодовку и откажется ее прекращать до тех пор, пока Алексаняна не переведут в специализированную клинику.

Разгорается скандал.

На следующий день после приезда скорой Алексаняна тем не менее снова доставляют из СИЗО в суд. Он идет, пошатываясь. В зале суда его снова помещают в железную клетку.

Алексанян (*отвечает на вопросы журналистов о самочувствии*): «...Меня привезли, несмотря на пульс 100 ударов в минуту и очень высокое давление. Если честно, я еще даже не могу понять – что дальше...

Со вчерашнего дня невиданное внимание и забота ко мне проявляется в следственном изоляторе. Сегодня ко мне приходил прокурор... Камеру привели в порядок. Ждут либо комиссию какую-то, или Европейский суд воздействовал. Я вернулся с заседания вчера, когда зашел в свою камеру, подумал, что не туда попал. Это потемкинские камеры теперь у нас. <...>

Любой ценой, если только я не скончаюсь, [меня] будут насильственно заставлять участвовать в судебных заседаниях, [чтобы] продолжить избиение сотрудников компании и руководителей. Есть какие-то задачи, которые власть любой ценой, с кровью, с жертвами решает, как хочет. Общество молчит. Я считаю, что это возмутительно. Потому что каждый из вас может оказаться на моем месте.

Я прожил 36 лет, я закончил два высших университета в мире – и никогда не думал, что со мной может такое случиться. Я жил, растил ребенка, а кто-то решил взять меня и уничтожить. И это очень просто оказывается в нашей стране... Я не виновен. Обвинение сфабриковано полностью – от начала и до конца. Но нет в обществе никаких моральных авторитетов, которые могли бы встать и сказать: «Одумайтесь! Что вы творите?!»

[Журналисты просят прокомментировать голодовку Ходорковского]

Алексанян: «Я с огромным уважением отношусь к Михаилу Борисовичу, я, несомненно, ему благодарен за поддержку. Но не хотел бы, чтобы ему был причинен вред какой-то, чтобы он заболел или умер – достаточно моей жертвы. Потому что у него четверо детей, а у меня один. Сухая голодовка – это очень суровая вещь, и она может привести к тяжким последствиям. Все равно, я думаю, мы все это пройдем. Господь видит. Правда на нашей стороне».

Адвокаты просят отпустить Алексаняна из-под ареста. Судья ***Ольга Неделина*** отказывает.

В Москве в поддержку умирающего вице-президента ЮКОСа проходят митинги и одиночные пикеты, интеллигенция пишет письма к власти, гражданские активисты собирают подписи и, как и МБХ, объявляют голодовки...

Людоедская система, так рутинно и втихаря убивавшая его два года, начала давать сбой, как только преступление стало публичным. Одно ведь дело игнорировать медицинские заключения и ходатайства адвокатов, будучи уверенными, что диагноз клиента защита не рискнет разглашать в СМИ, а значит, не будет поднимать шум и рассказывать про предложенные сделки и требуемые показания. Совсем другое дело – продолжать убивать человека на глазах у всех. Не решились.

Рудольф Мхитарян: «Я когда наблюдал за этим всем, думал: это, наверно, то, чего Вася хочет – умереть с флагом на баррикадах, в зените славы. Уверен, если бы у него был выбор – пасть смертью храбрых, либо умереть стариком дома в постели – он выбрал бы именно первое. Это был такой характер. Мое стойкое убеждение: для Васи являться прямым участником тех событий было очень важно. При этом, находясь в застенках, он прекрасно знал, кто его уже предал, а кто за него будет бороться до конца. Он не сгибался и не прогибался. Если на него давили, он выпускал шипы – сопротивлялся. Если над ним издевались, он не брал никаких подачек от палачей. Показывал свой характер, оставаясь благородным и достойным до конца».

Алексанян не станет давать ложные показания на Платона Лебедева, как тот ему предложил. При журналистах все в том же Симоновском суде он скажет: «Все активы, в присвоении которых нас обвиняют, известно где находились. И они никогда не были присвоены никем. Это вообще возмутительно – любой человек может это установить. Поэтому никакой вины здесь быть не может. Я Платона Леонидовича очень уважаю, ему большой привет. Держаться тоже. Никто не виновен в этом. Просто не было преступлений».

На самом деле это было нечто: три находящихся в заточении мужика в разных уголках страны на глазах у всей страны показывали пример колоссального мужества и человеческой порядочности.

«Я прекрасно понимал, что он умирает и умрет, – вспоминает те дни Ходорковский. – У меня это не вызывало никаких сомнений. Весь вопрос был в том, умрет он сейчас, в тюрьме, или через год-два-три-пять на свободе. И когда я писал письмо Чайке о том, что объявляю голодовку в знак протеста против того, что творят с Алексаняном, то, собственно говоря, моя позиция состояла в том, чтобы объяснить властям: у вас в конечном итоге будет не один труп, а два трупа, включая мой. И если вы к этому готовы – вперед».

Февраль 2008 года. Один год и десять месяцев под стражей. Над Алексаняном должен начаться судебный процесс по существу. Волна общественного возмущения не спадает. Тюремщики и Милинчук засуетились с новой силой. В СИЗО срочно начали красить камеры, в камеру Алексаняна даже поставили холодильник... А Фикрет Тагиев сказал его адвокатам: «Не волнуйтесь, в моем СИЗО он не умрет».

За день до суда власти решают вывезти Алексаняна в Гематологический центр при ГКБ имени Боткина. Врачебный консилиум подтверждает диагноз – помимо СПИДа у больного – Т-клеточная лимфома в стадии 3 В. Осматривающие Алексаняна специалисты отмечают, что это онкологическое заболевание требует незамедлительного начала специальной полихимиотерапии – и только в условиях гематологической больницы, в которой врачи смогут совместить химиотерапию с той самой ВААРТ. Кроме того, врачи подчеркивают необходимость прохождения больным противотуберкулезного лечения.

Для соблюдения гестаповских формальностей на следующий день Василия везут в Симоновский суд, где судья Ольга Неделина приостанавливает производство по уголовному делу в связи с «невозможностью участия подсудимого в судебном разбирательстве по причине тяжелой болезни» (признали – не прошло и двух лет!) и «необходимости пройти курс лечения». При этом Неделина оставляет Алексаняна под стражей – то есть он будет оперироваться и получать терапию под конвоем. Ведь в противном случае умирающий вице-президент ЮКОСа «может помешать установлению истины по делу» и «оказать воздействие на участников процесса».

Держась за решетку клетки, Василий просит судью Ольгу Неделину освободить его из-под ареста:

«Куда я в таком состоянии денусь? Только в могилу. Я прошу суд не ограничиваться половинчатым решением и освободить меня из-под стражи. Тюремный режим объективно может усложнить процесс лечения. Мне нужна очень тяжелая, тройная терапия... Заведующий МГЦ СПИД сейчас даже названия препаратов назвать не может, потому что одновременное лечение СПИДа и рака очень проблемно. Вдруг мне нужно будет срочно вызвать врача, или сдать какой-то быстрый анализ, или аппарат какой-то сломается... Согласования с надзирателями могут стоить мне жизни. И я хочу видеть своего сына... И еще я хочу привести свое здоровье хоть в какой-то порядок, чтобы предстать перед судом в нормальном состоянии. Я не виновен, ваша честь, и хочу это доказать».

Но судья Неделина сделала так, как велело ее начальство. Кажется, она сама не представляла, что это за собой повлечет. А может, представляла, но было наплевать.

Часть IV

Больница

«Пришел Тагиев и сказал, что меня посадят на цепочку»

– Жалкий, униженный человек сидел, скрючившись на полу в наручниках, прикованный цепью к больничной койке. В больнице сделали стальную клетку, куда и поместили пациента, – так академик Андрей Воробьев вспоминает свою первую встречу с Алексаняном.

8 февраля 2008 года Василия поместят в гематологическое отделение городской клинической больницы № 60, что на шоссе Энтузиастов. Там 10 дней его в буквальном смысле будут держать на цепи, прикованным наручниками к больничной койке. Что происходило тогда в больнице – рассказывает он сам. Его пояснения для Страсбурга записывала адвокат Елена Львова во время визитов к нему:

«08.02.08 утром в СИЗО я был уведомлен, что буду переводиться для лечения в гражданскую клинику. Приблизительно в 14.30 я был доставлен в палату № 527 ГКБ № 60, при этом мне не сообщили, куда меня привезли. В 14.45 ко мне пришел Тагиев Ф.Г. и сказал, что после разбора вещей меня посадят «на цепочку», сославшись на инструкцию, которую по моей просьбе он не представил.

С 15 часов 08.02.08 г. по 18.02.08 г. до 17 часов я был пристегнут круглосуточно одним наручником к правому запястью руки, другим наручником к изголовью металлической дужки кровати. Длина цепи – примерно от 70–100 см. Снимали цепь только для вывода в туалет. Десять суток я был на цепи и ограничен в движениях. Во время медицинских процедур – уколов, капельниц – и во время сна я оставался прикованным к кровати. Свидетелем этого являлся медицинский персонал. Когда ко мне допустили адвокатов – 16.02.08 г. и 18.02.08 г. – цепь снимали перед их приходом, после прихода немедленно пристегивали снова.

Лично я обращался к Тагиеву Ф.Г. с 11 по 17 февраля неоднократно при его посещении с проверками и проверяющими из УФСИН по г. Москве с требованием снять цепь или предоставить объяснение по поводу законности применения этого спецустройства под название «Букет»[29]. Цепь состоит из 5 наручников, может увеличиваться или укорачиваться с целью полного обездвиживания. Никаких ответов я не получил».

Возле палаты Алексаняна, а также внутри круглосуточно несли дежурство сотрудники конвоя, притом что за больным и так было установлено по-

---

29 Спецсредство «Букет» (БКС-1) – наручники, предназначенные для задержания группы преступников. Представляют собой пять пар «браслетов», скрепленных между собой длинными цепями.

стоянное видеонаблюдение. Единственная решетка во всей больнице будет только на окне палаты Василия. Специально приварят. Вдруг он, сломав наручники, захочет сбежать от терапий и капельниц, спрыгнув с 3-го этажа?

Василий продолжает рассказывать, как оно было изнутри:

«Окно полностью закрыто мелкой решеткой. Палата – полностью изолированное помещение с единственной дверью, которая закрывается снаружи на ключ, а я нахожусь на цепи. Этот пост [охраны из конвоя] создает эпидемиологическую угрозу моему иммунитету, т.к. 12 человек по 4 смены меняются каждые два часа и каждые сутки. Каждые два часа в моей палате появляются новые люди без бахил, масок, белых халатов, в тюремной форме, и меняются, в том числе и ночью, не давая спать. Приезжал почему-то ночью проверяющий из УФСИН по г. Москве и проверял наличие цепи и крепости решетки. По причине постоянного присутствия людей я за все время в больнице не имею возможности спать ни днем, ни ночью. Вынужден принимать снотворное. <...>

Решетка на моем окне была установлена таким образом, что с 08.02 по 29.02 невозможно было приоткрыть окно для проветривания палаты, что увеличивало опасность заражения меня вирусным инфекционным заболеванием. <...> Я обращал внимание своих лечащих врачей Серегина Н.В. и Пивника А.В. и главного врача больницы Лукашева А.М. на эти обстоятельства. Но, как я понял, они не могли что-либо изменить, так как [установленная ФСИН] решетка к их компетенции не относилась. Поняв, что мои официальные обращения о нарушении моих прав не имеют результата, я попросил адвокатов сделать публичное заявление в СМИ. После этого 29.02.2008 г. утром явился главный врач с техническим персоналом, которые прорезали дыры в решетке таким образом, чтобы форточки могли приоткрываться».

Еще ФСИН не разрешала Алексаняну пользоваться душем. Причин не называлось. Хотя врачи рекомендовали ему принимать душ каждый день из-за всевозможных процедур и во избежание серьезного риска инфекций. Но тюремщики устанавливали свои правила даже в больнице.

Слово Василию: «Самый длительный промежуток [когда отказывали в возможности помыться] составлял 11 дней. Каждый день я обращался к начальнику караула с просьбой отвести меня в душ, на что получал от него ответ, что для этого требуется личное разрешение начальника СИЗО Тагиева. Через некоторое время мне сообщали, что Тагиев мне отказал. Именно в этот период мне необходимо было поддерживать особую гигиену тела, так как у меня брали 3 раза образцы костного мозга и делали 2 раза трепанобиопсию срединной грудной кости, а также брали для анализа спинномозговую жидкость. Причем все эти операции производились в присутствии одного или двух сотрудников охраны, не носящих стерильной одежды...

Некоторые сотрудники ФСИН, которые меня охраняют, предпринимают в отношении меня унизительные действия, как то: не позволяют мне даже закрывать дверь в туалет и надзирают за мной, когда я справляю свои естественные надобности. Ссылаются при этом на устные указания своего начальства, имен и фамилий которых они не указывают. Свидетелем двух таких безобразных сцен была в одном случае медсестра, приготавливавшая мне в палате капельницу, в другом – мой адвокат, тоже женщина».

Государственные инстанции, поняв, что вся информация о происходящем уходит в Страсбург, во второй половине февраля 2008-го стали спешно прикрывать свои пятые точки, заметать следы и улики. Тюремщики, подгоняемые Минюстом, и Милинчук изобретали кучу отписок и справок (ложных естественно) с парадоксальным содержанием и направляли их сразу на имя... Европейского суда по правам человека. Например, глава «Матросской Тишины» Тагиев объяснял страсбургским судьям, что решетка на окно палаты Алексаняна была приварена «в связи с его склонностью к побегу». Этой же «склонностью» Тагиев оправдывал цепь «Букет», на которой десять дней в больнице держали Василия. Но наручники, успокаивал Тагиев Европейский суд, снимались каждые два часа «для восстановления нормального кровообращения».

Слава тебе господи.

Еще бедный Тагиев закидывал Страсбург копиями дипломов и сертификатов тюремных врачей, сопровождая это словами об их профессионализме и компетенции. Словно эти дипломы как-то оправдывали тот факт, что их обладатели два года не оказывали смертельно больному человеку медицинскую помощь.

Ангелы, черные «Волги» и чай у Войновича

– Впервые Алексаняна привели в мой кабинет на консультацию в наручниках с двумя охранниками, – вспоминает академик Воробьев. – Я поздоровался со всеми за руку. Осмотр Алексаняна выявил увеличенную селезенку. После небольшого дообследования было решено перевести его из 60-й больницы к нам в Гемцентр для операции по удалению селезенки. У таких пациентов

ФЕДЕРАЛЬНАЯ СЛУЖБА
ИСПОЛНЕНИЯ НАКАЗАНИЙ
УПРАВЛЕНИЕ ПО Г. МОСКВЕ
ФЕДЕРАЛЬНОЕ ГОСУДАРСТВЕННОЕ
УЧРЕЖДЕНИЕ СЛЕДСТВЕННЫЙ ИЗОЛЯТОР №1
(ФГУ ИЗ-77/1 УФСИН РОССИИ ПО Г. МОСКВЕ)
107076, г.Москва, ул.Матросская тишина, 18
факс (495) 269-61-85
26.05 2008 № 50/2/2-3594
На № ________ от ________

Европейский суд
по правам человека

Палата в которой содержится Алексанян В.Г. в ГКБ № 60 оборудована решеткой на оконный проем 07.02.2008. С 08.02.2008 по 18.02.2008 к Алексаняну В.Г. применялись специальные средства-наручники типа БКС-1 в целях профилактики побега, в связи с постановкой его на профилактический учет как лицо, склонное к побегу. В условиях лечебного учреждения ГКБ № 60 отсутствует (кроме решетки на оконном проеме) система инженерно-технических средств охраны, имеющихся в СИЗО, это дает личному составу основание полагать, что вероятность осуществить свои намерения в условиях лечебного учреждения очень высока. Наручники применялись к Алексаняну В.Г. в соответствии с ст. 45 Федерального закона «О содержании под стражей подозреваемых и обвиняемых в совершении преступлений». Для избежания нарушения кровообращения подозреваемые, обвиняемые и осужденные освобождаются от наручников через 2 часа Приказ МЮ РФ от 03.11.2005 № 204 дсп «об утверждении инструкции об организации службы по обеспечению надзора за подозреваемыми обвиняемыми и осужденными, содержащимися в СИЗО УИС».

Начальник Ф.Г. Тагиев

Одна из отписок Фикрета Тагиева для Страсбурга.

возможно развитие лимфосаркомы с поражением селезенки. В Гемцентре мы сделали Алексаняну операцию. Нашли ли морфологи там лимфосаркому – уже вспомнить трудно, но диагноз этот дал основание ходатайствовать об изменении меры пресечения: в итоге наручники и цепи заменили на залог в 50 млн рублей. И через какое-то время в мой кабинет вошел красивый, высокий и статный молодой человек, в которого превратился недавний заключенный. Он пришел поздравить меня с Новым, 2009-м, годом...

Но до освобождения еще почти год. А пока, в феврале 2008-го, под контролем врачей он начинает принимать терапию ВААРТ. На следующий день ему резко плохо – побочные эффекты. Врачи ставят внутривенную капельницу и экстренно решают, что делать. В итоге пробуют другую схему ВААРТ. Однако организм не справляется и с ней, у Алексаняна сильная аллергическая реакция и слабость. Из-за этого невозможно начать одновременно 4-месячную химиотерапию, необходимую Василию в связи с раковой опухолью лимфатических узлов.

В эти же дни у него вдобавок выявляют язву пищевода.

Март, апрель, май, июнь, июль, август, сентябрь, октябрь, ноябрь... Он то в 60-й больнице, то в Гемцентре у Воробьева. Им все же удается поддерживать его жизнь.

А суды все так же рутинно продлевают ему арест. Но уже без него. Алексаняна не решатся вывозить на заседания. Не решатся даже показывать по телетрансляции из больницы. Хватило тех кадров, которые и так уже увидел мир.

Вообще несмотря ни на что – цепи, наручники, решетки на окнах, конвой 24 часа в сутки и прочие унижения – 2008 год ознаменовался для него невероятным везением. Силы зла словно сменились на силы добра. И помимо ангелов от медицины на его пути встретились неаккредитованные ангелы от СМИ. И, кажется, он об этом даже не догадывался.

Когда он лежал под капельницами, химиями и терапиями, по Москве ездили два молодых и очень активных журналиста. Тихон Дзядко и Сакен Аймурзаев, трудившиеся тогда на «Эхе Москвы», по собственной инициативе, без всякого редакционного задания, стали собирать поручительства за неизвестного им лично Алексаняна. Поручительства, как само собой водится, у известных людей, авторитетов. Некоторые авторитеты их посылали сразу, другие думали, третьи незамедлительно соглашались.

И теперь, когда я пишу эти строки, передо мной лежат письменные поручительства «третьих» в суд. Некоторых из поручителей, как и Алексаняна, уже нет в живых.

Российская академия
медицинских наук
ГУ ГЕМАТОЛОГИЧЕСКИЙ
НАУЧНЫЙ ЦЕНТР
125167 Москва, Ново-Зыковский пр-д, д. 4а

Консилиум под руководством академика А.И.Воробьева
ГНЦ РАМН

01 августа 2008г.
10.00

Пациент Алексанян Василий Георгиевич, 36 лет, находится в гематологическом отд. ГКБ № 60 с 08.02.08 по настоящее время с д-зом «Т-клеточная лимфома IIIа стадии на фоне ВИЧ инфекции».

Из анамнеза известно, что ухудшение состояния в течение года: частые подъемы температуры до 38 градусов, похудел на 15 кг. В ноябре – декабре 2007г выявлены увеличенные лимфоузлы на шее, в декабре 2007г проведена биопсия правого надключичного лимфоузла в ИЗ-77\1 УФСИН и диагносцированна Т-клеточная лимфома (проф. Г.А. Франк и к.м.н. И.Б. Капланская). Биопсия № 90\80 от 30.01.08г. Гистологический ответ № 101\08от 30.01.08г.

ВИЧ инфекция документирована в 2006г, на учете МГЦ СПИД с 2007г. Вирусная нагрузка от 20.12.07г РНК ВИЧ 1 обнаружена в количестве > 100000 копий\мл, CD4 45 клеток (5%) в абсолютном количестве. Получает ВААРТ с 08.02.08г (калетра, эпивир, инвираза), схема изменена 22.07.08г в связи с плохой переносимостью инвиразы на комбивир под контролем врачей инфекционистов МГЦ СПИД.

При обследовании в ГКБ № 60 в феврале 2008г.: потеря веса (рост 196 см, вес 71 кг), периодическое повышение температуры до 38 градусов, пальпировались периферические лимфоузлы единичные шейные, надключичные, подмышечные, паховые, максимальный размер 1,5 см. В легких дыхание везикулярное, хрипов нет, ЧД 16 в минуту. По рентгенологическим данным средостение не расширено. Тоны сердца ритмичные, шумов нет. АД 120\80 мм.рт.ст. Живот при пальпации безболезненный, печень выступает из-под края реберной дуги на 2 см, селезенка увеличена на 3 см, край селезенки плотный. Диареи нет, диурез достаточный.

Сегодня, 01.08.08г, при повторном осмотре академиком А.И. Воробьевым состояние и самочувствие пациента средней тяжести. Отмечается положительная динамика в виде уменьшения размеров

Стр. 140-141. Из заключений консилиума под руководством академика Андрея Воробьева, 2008 год.

Консилиум под руководством академика А.И.Воробьева
ГНЦ РАМН

14 октября 2008г.
10.30

Пациент Алексанян Василий Георгиевич, 36 лет, находится в гематологическом отд. ГКБ № 60 с 08.02.08 по настоящее время с диагнозом «Т-клеточная лимфома IIIа стадии на фоне ВИЧ инфекции».

Из анамнеза известно, что ухудшение состояния в течение года: частые подъемы температуры до 38 градусов, похудел на 15 кг. В ноябре – декабре 2007г выявлены увеличенные лимфоузлы на шее, в декабре 2007г проведена биопсия правого надключичного лимфоузла в ИЗ-77\1 УФСИН и диагносцированна Т-клеточная лимфома (проф. Г.А. Франк и к.м.н. И.Б. Капланская). Биопсия № 90\80 от 30.01.08г. Гистологический ответ № 101\08от 30.01.08г.

ВИЧ инфекция документирована в 2006г, на учете МГЦ СПИД с 2007г. Вирусная нагрузка от 20.12.07г РНК ВИЧ 1 обнаружена в количестве > 100000 копий\мл, CD4 45 клеток (5%) в абсолютном количестве. Получает ВААРТ с 08.02.08г (калетра, эпивир, инвираза), схема изменена 22.07.08г в связи с плохой переносимостью инвиразы на комбивир под контролем врачей инфекционистов МГЦ СПИД. При повторном исследовании вирусная нагрузка от 25.08.08г РНК ВИЧ 1 не обнаружена, CD4 196 клеток (26%) в абсолютном количестве

При обследовании в ГКБ № 60 в феврале 2008г.: потеря веса (рост 196 см, вес 71 кг), периодическое повышение температуры до 38 градусов, пальпировались периферические лимфоузлы единичные шейные, надключичные, подмышечные, паховые, максимальный размер 1,5 см. В легких дыхание везикулярное, хрипов нет, ЧД 16 в минуту. По рентгенологическим данным средостение не расширено. Тоны сердца ритмичные, шумов нет. АД 120\80 мм.рт.ст. Живот при пальпации безболезненный, печень выступает из-под края реберной дуги на 2 см, селезенка увеличена на 3 см, край селезенки плотный. Диареи нет, диурез достаточный.

Сегодня, 14.10.08г, при повторном осмотре академиком А.И. Воробьевым состояние и самочувствие пациента средней тяжести. Отмечается положительная динамика в виде отсутствия увеличенных периферических лимфоузлов и селезенки после завершения четвертого курса

«Я, Войнович Владимир Николаевич...», «Я, Козаков Михаил Михайлович...», «Я, Чурикова Инна Михайловна...», «Я, Симонов Алексей Кириллович...», «Я, Ясин Евгений Григорьевич...», «Я, Гербер Алла Ефремовна...», «Я, Ахеджакова Лия Меджидовна...», «Я, Чхартишвили Григорий Шалвович...»

И все они ручались *«за явку в суд в назначенный срок Алексаняна Василия Георгиевича, а также за то, что он не будет препятствовать производству по уголовному делу».*

«Мне известно о сущности предъявленного обвинения и об ответственности поручителя, в случае ненадлежащего выполнения им своих обязательств в виде наложения денежного взыскания в размере до ста минимальных размеров оплаты труда, в порядке, установленном статьей 118 УПК РФ».

Вспоминает Тихон Дзядко: «Когда мы с Сакеном обзванивали «звезд», мы в большой степени поняли, что такое, когда у человека есть совесть и когда ее нет. Вот она – «цена отказа», причем с самыми немыслимыми мотивировками. Очень многие «деятели культуры» и «общественные деятели» отказывались это делать наотрез. Кто-то – после двухминутного разговора, кто-то – после получасовой беседы. «Откуда мне знать, как он заразился СПИДом?», «У нас что, мало людей в тюрьмах болеет?», «У меня есть проекты, которые могут от этого пострадать».

Но многие подписывали поручительства с радостью. Времени было совсем немного, на носу – судебное заседание, и мы хотели отдать адвокатам как можно больше поручительств. Для нас с Сакеном это было своего рода приключением, что ли: передвигаясь по Москве на машине, мы смотрели, не следуют ли за нами черные «Волги», будучи почти уверенными, что они где-то рядом; дома у Владимира Войновича пили чай, а у Инны Чуриковой наблюдали за тем, как она подписывается за себя и Лию Ахеджакову, узнавая подпись Ахеджаковой по телефону («Лия, у тебя «д» как домик или с хвостиком?»). Приключением это было и потому, что мы почти не сомневались в положительном исходе всего предприятия»[30].

Акунин и Ясулович придут даже лично в Мосгорсуд, где будет оспариваться содержание Алексаняна под стражей. Судья Найденов брезгливо взглянет на переданные ему поручительства, приобщит к делу и... оставит Алексаняна под стражей. Прокурор Власов про Акунина и Ясуловича бросит что-то там насчет «пиара»...

---

30 Большой город. Цена Милосердия. 4 октября 2011 года. Тихон Дзядко.

В Симоновский районный суд г. Москвы

ЛИЧНОЕ ПОРУЧИТЕЛЬСТВО

Город Москва, 5 февраля 2008 года

я, Козаков Михаил Михайлович, 14 октября 1934 г.
(фамилия, имя, отчество)

(дата рождения, паспортные данные)

(место жительства)

в соответствие со ст. 103 УПК РФ, ручаюсь за явку в суд в назначенный срок Алексаняна Василия Георгиевича, а также за то, что он не будет препятствовать производству по уголовному делу.

Мне известно о сущности предъявленного обвинения и об ответственности поручителя, в случае ненадлежащего выполнения им своих обязательств в виде наложения денежного взыскания в размере до ста минимальных размеров оплаты труда, в порядке, установленном статьей 118 УПК РФ.

Поручитель М. Козаков
(подпись)

Фотография: Дмитрий Духанин/Коммерсантъ

В Симоновский районный суд г. Москвы

ЛИЧНОЕ ПОРУЧИТЕЛЬСТВО

Город Москва, 5 февраля 2008 года

я, Войнович Владимир Николаевич
(фамилия, имя, отчество)

(дата рождения, паспортные данные)

(место жительства)

в соответствие со ст. 103 УПК РФ, ручаюсь за явку в суд в назначенный срок Алексаняна Василия Георгиевича, а также за то, что он не будет препятствовать производству по уголовному делу.
Мне известно о сущности предъявленного обвинения и об ответственности поручителя, в случае ненадлежащего выполнения им своих обязательств в виде наложения денежного взыскания в размере до ста минимальных размеров оплаты труда, в порядке, установленном статьей 118 УПК РФ.

Поручитель В. Войнович
(подпись)

Источник: thedailybeast.com

В Симоновский районный суд г. Москвы

ЛИЧНОЕ ПОРУЧИТЕЛЬСТВО

Город Москва, 5 февраля 2008 года

я, Гербер Алла Ефремовна
(фамилия, имя, отчество)

(дата рождения, паспортные данные)

(место жительства)

в соответствие со ст. 103 УПК РФ, ручаюсь за явку в суд в назначенный срок Алексаняна Василия Георгиевича, а также за то, что он не будет препятствовать производству по уголовному делу.

Мне известно о сущности предъявленного обвинения и об ответственности поручителя, в случае ненадлежащего выполнения им своих обязательств в виде наложения денежного взыскания в размере до ста минимальных размеров оплаты труда, в порядке, установленном статьей 118 УПК РФ.

Поручитель (подпись)

Источник: sw.delachieve.com

В Симоновский районный суд г. Москвы

ЛИЧНОЕ ПОРУЧИТЕЛЬСТВО

Город Москва, ________________ 2008 года

Я, Чуркова Инна Михайловна
(фамилия, имя, отчество)

5 окт. 1943 г.
(дата рождения, паспортные данные)

[illegible]
(место жительства)

в соответствие со ст. 103 УПК РФ, ручаюсь за явку в суд в назначенный срок Алексаняна Василия Георгиевича, а также за то, что он не будет препятствовать производству по уголовному делу.
Мне известно о сущности предъявленного обвинения и об ответственности поручителя, в случае ненадлежащего выполнения им своих обязательств в виде наложения денежного взыскания в размере до ста минимальных размеров оплаты труда, в порядке, установленном статьей 118 УПК РФ.

Поручитель Чуркова
(подпись)

Фотография: Алексей Куденко/Коммерсантъ

В Симоновский районный суд г. Москвы

ЛИЧНОЕ ПОРУЧИТЕЛЬСТВО

Город Москва, 5.02.2 2008 года

я, Ясин Евгений Григорьевич
(фамилия, имя, отчество)

(дата рождения, паспортные данные)

(место жительства)

в соответствие со ст. 103 УПК РФ, ручаюсь за явку в суд в назначенный срок Алексаняна Василия Георгиевича, а также за то, что он не будет препятствовать производству по уголовному делу.
Мне известно о сущности предъявленного обвинения и об ответственности поручителя, в случае ненадлежащего выполнения им своих обязательств в виде наложения денежного взыскания в размере до ста минимальных размеров оплаты труда, в порядке, установленном статьей 118 УПК РФ.

Поручитель
(подпись)

Источник: energy-polis.ru

В Симоновский районный суд г. Москвы

ЛИЧНОЕ ПОРУЧИТЕЛЬСТВО

Город Москва, 5 февраля 2008 года

я, Симонов Алексей Кириллович
(фамилия, имя, отчество)

(дата рождения, паспортные данные)

(место жительства)

в соответствие со ст. 103 УПК РФ, ручаюсь за явку в суд в назначенный срок Алексаняна Василия Георгиевича, а также за то, что он не будет препятствовать производству по уголовному делу.
Мне известно о сущности предъявленного обвинения и об ответственности поручителя, в случае ненадлежащего выполнения им своих обязательств в виде наложения денежного взыскания в размере до ста минимальных размеров оплаты труда, в порядке, установленном статьей 118 УПК РФ.

Поручитель
(подпись)

Фото: Анна Артемьева, Новая газета

В Симоновский районный суд г. Москвы

ЛИЧНОЕ ПОРУЧИТЕЛЬСТВО

Город Москва, 5 февраля 2008 года

я, Ахеджакова Лия Меджидовна
(фамилия, имя, отчество)

(дата рождения, паспортные данные)

(место жительства)

в соответствие со ст. 103 УПК РФ, ручаюсь за явку в суд в назначенный срок Алексаняна Василия Георгиевича, а также за то, что он не будет препятствовать производству по уголовному делу.
Мне известно о сущности предъявленного обвинения и об ответственности поручителя, в случае ненадлежащего выполнения им своих обязательств в виде наложения денежного взыскания в размере до ста минимальных размеров оплаты труда, в порядке, установленном статьей 118 УПК РФ.

Поручитель Ахеджакова
(подпись)

Фото: Анна Артемьева, Новая газета

В Симоновский районный суд г. Москвы

ЛИЧНОЕ ПОРУЧИТЕЛЬСТВО

Город Москва, 6 февраля 2008 года

Я, Чхартишвили Григорий Шалвович (Борис Акунин), 20.05.1956, [redacted]

в соответствие со ст. 103 УПК РФ, ручаюсь за явку в суд в назначенный срок Алексаняна Василия Георгиевича, а также за то, что он не будет препятствовать производству по уголовному делу.

Мне известно о сущности предъявленного обвинения и об ответственности поручителя, в случае ненадлежащего выполнения им своих обязательств в виде наложения денежного взыскания в размере до ста минимальных размеров оплаты труда, в порядке, установленном статьей 118 УПК РФ.

Поручитель

/Чхартишвили Григорий Шалвович/

Источник: ru.wikipedia.org

В судебную коллегию по уголовным делам Мосгорсуда

ЛИЧНОЕ ПОРУЧИТЕЛЬСТВО

Город Москва, 7 февраля 2008 года

Я, Ясулович Игорь Николаевич

(фамилия, имя, отчество)

(дата рождения, паспортные данные)

в соответствие со ст. 103 УПК РФ, ручаюсь за явку в суд в назначенный срок Алексаняна Василия Георгиевича, а также за то, что он не будет препятствовать производству по уголовному делу.

Мне известно о сущности предъявленного обвинения и об ответственности поручителя, в случае ненадлежащего выполнения им своих обязательств в виде наложения денежного взыскания в размере до ста минимальных размеров оплаты труда, в порядке, установленном статьей 118 УПК РФ.

Поручитель

(подпись)

Источник: www.goodfon.ru

Закат карьеры госпожи Милинчук

Таким же суматошным, как и декабрь 2007-го, выдалось начало весны 2008 года в приемной уполномоченной от России при Европейском суде Вероники Милинчук, той, что была так недоступна для Василия и его защиты в самые тяжелые моменты. Милинчук пыталась не допустить вынесения решения не в пользу России по основной жалобе умирающего вице-президента ЮКОСа «V. A. vs RUSSIA», в которой свидетельствовалось о пытках.

Чтобы как-то отбиться от лавины вопросов Страсбургского суда, Милинчук в своих ответах обвиняла Алексаняна ***«в недостойном поведении»***.

«Постоянное использование заявителем оскорбительных или провокационных высказываний может быть расценено как злоупотребление правом свободы выражения мнения»[31], – это Милинчук писала в ответ на вопросы Страсбурга, почему Алексаняна держали на цепи «Букет» в больнице, не давали ходить в душ и приварили на единственное окно в палате решетку, и почему она, Милинчук, скрывалась от защитников, когда те требовали исполнить предписание ЕСПЧ о госпитализации Алексаняна.

«Заявления заявителя без сомнения содержат серьезные обвинения органов власти Российской Федерации, уполномоченного представителя РФ при Европейском суде»;

«Органы власти Российской Федерации сделали все необходимое для обеспечения предоставления заявителю права на жизнь»;

«При этом заявление заявителя о том, что камеры были заражены стафилококком, вызывает возмущение. Известно, что стафилококк может быть обнаружен только в результате молекулярного исследования, а проведение такого исследования заявителем невозможно»;

«Органы власти Российской Федерации еще раз просят Суд при рассмотрении настоящего дела принять во внимание поведение заявителя»;

«Органы власти Российской Федерации уважают право заявителя защитить себя всеми возможными способами, при этом это не дает ему право клеймить органы власти и их институты»;

---

31 Из материалов дела.

УПОЛНОМОЧЕННЫЙ ПРЕДСТАВИТЕЛЬ РОССИЙСКОЙ ФЕДЕРАЦИИ
ПРИ ЕВРОПЕЙСКОМ СУДЕ ПО ПРАВАМ ЧЕЛОВЕКА

119991, г. Москва, ул. Житная, д.14 тел.: (495) 230-42-40, факс: (495) 230-41-93
27 мая 2008 г.
№ 14-1367-07

Г-н Сорен НИЛЬСЕН
Регистратор Первого отдела
Европейского суда
по права человека

СОВЕТ ЕВРОПЫ
СТРАСБУРГ - ФРАНЦИЯ

Заявление № 46468/06
Алексанян против России

Уважаемый господин,

В ответ на Ваше письмо от 29 апреля, касающееся вышеуказанного заявления, в котором органам власти Российской Федерации предлагается предоставить дальнейшие замечания по вопросам, изложенным представителем заявителя, сообщаем следующее:

Прежде всего, органы власти Российской Федерации хотят прокомментировать заявления заявителя на основании допустимости использования некорректного языка в изложении его доводов.

Европейский Суд неоднократно указывал на то, что заявление может быть отвергнуто как оскорбительное в соответствии со Статьей 35 §§ 3 и 4 Конвенции, если будет признано, что оно основывается на недостоверных фактах, а также если в нем используются оскорбительные выражения (см. решение Европейского Суда по делу *Рехак против Чехии* от 18 мая 2004 г., заявление № 67208/01; решение Европейского Суда по делу *Черницын против России* от 6 апреля 2006 г., заявление №5964/02; решение Европейского Суда по делу *Варбанов против Болгарии* от 5 октября 2000 г., заявление №31365/96, §36, ECHR 2000-X; решение Европейского Суда по делу *Акдивар и другие против Турции* от 16 сентября 1996 г., Отчеты Судей и Решения 1996-IV, §§53-54). Однако постоянное использование заявителем оскорбительных или провокационных высказываний может быть расценено как злоупотребление правом заявления в соответствии со Статьей 35 §3 Конвенции (см. решение Европейского Суда по делу *Мануссос против Чехии и Германии* от 9 июля 2002 г., заявление № 46468/02; решение Европейского Суда по делу *Дурингер и другие против Франции*, заявления №№61164/00 и 18589/02; решение Европейского Суда по делу *Стамулокатос против Великобритании* от 9 апреля 1997 г., заявление №27567/95).

Заявления заявителя, оформленные его представителем, без сомнения содержат серьезные обвинения органов власти Российской Федерации, Уполномоченного представителя Российской Федерации при Европейском Суде. Указанные заявления без сомнения содержат злоупотребление права свободы выражения мнения (см., например, решение Европейского Суда по делу *Стамулокатос против Греции* от 3 декабря 1997 г., заявление №32857/96), например, заявления в пунктах 3.1 (ii) – причины ареста и задержания заявителя «основываются на необоснованных заявлениях»; 4.21 (iv) – «Правительство ложно утверждает»; 6.14 – такие вопиюще безответственные заявления были сделаны Правительством».

На основании вышеуказанного органы власти Российской Федерации полагают, что в официальной корреспонденции в рамках рассмотрения Европейским Судом заявлений, поданных физическими лицами, приемлем исключительно уважительный язык написания со стороны заявителя в отношении Уполномоченного представителя Российской Федерации при Европейском Суде и/или государственных официальных лиц. Кроме того, органы власти Российской Федерации считают уместным указать, что постоянное использование оскорбительных или провокационных высказываний заявителем может расцениваться как злоупотребление правом заявления в соответствии со Статьей 35 §3 Конвенции (см. решение Европейского Суда по делу *Черницын против России*, №5964/02, 6 апреля 2006 г.; *Мануссос против Чехии и Германии* (дек.), №

«Органы власти Российской Федерации подчеркивают, что следственные органы и прокуратура Российской Федерации знали, что заявитель был членом организованной группы, созданной для достижения определенных целей посредством политического давления, взяточничества и другими незаконными способами. В этом отношении определенно требовалось заключение заявителя и его изоляция»;

«Тюремная больница, в которой содержался заявитель, отвечает международным медицинским стандартам».

Через несколько месяцев после написания этих строк, в июле 2008 года, Милинчук указом президента будет освобождена от должности уполномоченного от России при Европейском суде, продержавшись в ней всего полтора года. Говорят, отстранили именно за то, что не смогла решить в Страсбурге вопрос с «делом ЮКОСа» и отбиться от жалоб компании, ее сотрудников и акционеров.

В свое время кандидатуру Милинчук советовал Путину сам Владимир Устинов, в прошлом генпрокурор, а потом глава Минюста. Именно Устинов в конце 90-х забрал Милинчук из родной Кубани с собой в Москву. В Генпрокуратуре у нее складывалась головокружительная даже по нынешним меркам карьера. Ей было чуть за 30, а она уже работала на руководящих должностях в международно-правовом управлении Генпрокуратуры, являлась даже заместителем директора некоего созданного внутри ведомства НИИ по «проблемам укрепления законности и правопорядка». В 33 получит «Заслуженного юриста Российской Федерации» – «за заслуги в укреплении законности и правопорядка, многолетнюю добросовестную работу». В 38 лет станет уполномоченной от России при Европейском суде и заодно заместителем министра юстиции, то есть замом Устинова.

Для Милинчук на посту уполномоченной указом Путина будут созданы особые условия работы: высокая министерская зарплата и не менее щедрое социальное обслуживание. И все это в преддверии непростых для России международных судебных разбирательств по жалобам сотрудников и акционеров ЮКОСа.

С помощью Милинчук в Кремле надеялись убедить Европейский суд в криминальной природе «дела ЮКОСа» и, соответственно, нецелесообразности рассмотрения жалоб компании и ее сотрудников. Но не получилось. Если суд в Страсбурге решал рассмотреть дело Алексаняна или дело акционеров ЮКОСа, то он их рассматривал, кто бы эти дела в России ни курировал, Павел Лаптев (предшественник Милинчук на посту

CONSEIL DE L'EUROPE

COUNCIL OF EUROPE

COUR EUROPÉENNE DES DROITS DE L'HOMME
EUROPEAN COURT OF HUMAN RIGHTS

FIRST SECTION

CASE OF ALEKSANYAN v. RUSSIA

(Application no. 46468/06)

JUDGMENT

STRASBOURG

22 December 2008

FINAL

05/06/2009

This judgment may be subject to editorial revision

Постановление Европейского суда по жалобе Алексаняна, декабрь 2008 года.

уполномоченного при ЕСПЧ), сама Милинчук или сменивший ее Георгий Матюшкин[32].

Милинчук надежд не оправдала от слова «совсем»: полтора года ее работы (в 2007–2008 – как раз период гнобления Алексаняна в тюрьме) оказались для России провальными: Москва проиграла в ЕСПЧ слишком много громких дел, и в первую очередь это касалось «дела ЮКОСа». Власти решили больше не рисковать, тем более накануне коммуникации Страсбургом еще нескольких юкосовских жалоб. Милинчук сняли, но дали должность помощницы полномочного представителя президента в Южном федеральном округе. А полномочным представителем был назначен... Владимир Устинов. Еще Милинчук дадут чин государственного советника 3 класса. С тех пор о ней почти ничего не слышно.

А ведь могла сделать неплохую международную карьеру юриста, если бы занималась реальным правом, а не подготовкой отписок для Страсбурга, и если бы в учителя выбирала не Устинова, а, скажем, профессоров Лукьянову или Морщакову.

Каждый выбирает по себе.

Пытки, как и было сказано

22 декабря 2008 года Европейский суд вынес решение по жалобе № 46468/06 «Алексанян против Российской Федерации», признав, что власти РФ нарушили статью 3 Международной конвенции «Запрещение пыток», которая гласит: «Никто не должен подвергаться ни пыткам, ни бесчеловечному или унижающему достоинство обращению или наказанию».

«... *Власти страны, – отмечал Суд в решении, – не позаботились достаточно о здоровье заявителя, с тем чтобы обеспечить обращение с ним, не нарушающее статью 3 Конвенции («Запрещение пыток») <...>. Это подорвало его достоинство и вызвало за собой особенно тяжелые испытания, причинив ему страдания, выходящие за рамки страданий, неизбежно сопряженных с тюремным заключением и болезнями, <...> что являлось бесчеловечным и унижающим достоинство обращением*».

Старания Милинчук накрылись медным тазом. Это был капитальный проигрыш Москвы в Страсбурге. Незадолго до вынесения этого решения,

32 С весны 2017 года должность уполномоченного РФ при Европейском суде по правам человека занимает Михаил Гальперин.

Судопроизводство в отношении заявителя приостановлено и вряд ли возобновится в ближайшем будущем. В этой связи, и особенно ввиду серьезности заболеваний заявителя, Суд считает, что продолжающееся содержание заявителя под стражей неприемлемо. Суд заключает, что российское Правительство для выполнения своего юридического обязательства по статье 46 Конвенции должно заменить предварительное заключение другой разумной и менее строгой мерой пресечения или сочетанием таких мер, предусмотренных российским законодательством.

ПО ЭТИМ ПРИЧИНАМ СУД ЕДИНОГЛАСНО

1. *Отклоняет* возражение Правительства о злоупотреблении правом на подачу жалобы;

2. *Признает* жалобу приемлемой;

3. *Постановляет,* что имелось нарушение статьи 3 Конвенции в связи с отсутствием надлежащей медицинской помощи в следственном изоляторе;

4. *Постановляет,* что имелось нарушение статьи 5 § 3 Конвенции в связи с неуказанием внутригосударственными судами соответствующих и достаточных оснований для его продолжительного содержания под стражей;

5. *Постановляет,* что имелось нарушение статьи 8 Конвенции в связи с проведением обысков в помещениях заявителя;

6. *Постановляет,* что нет необходимости рассматривать остальные жалобы заявителя;

7. *Постановляет,* что Государство не выполнило свои обязательства по статье 34 Конвенции, не выполнив незамедлительно неотложные меры, указанные Судом в ноябре и декабре 2007 года;

8. *Постановляет,* что другие утверждения заявителя в порядке статьи 34 Конвенции не обоснованы;

9. *Постановляет,* что предварительное заключение заявителя должно быть прекращено.

Резолютивная часть постановления.

словно опережая его, власти предпримут циничный шаг. Московский городской суд запросит за освобождение Алексаняна беспрецедентный и никогда до этого не практиковавшийся российскими судами залог – 50 миллионов рублей. На тот момент это было около 1,4 миллиона евро.

Поднялась волна негодования среди всех, кто сочувствовал и следил за его судьбой, следом – общественная кампания по сбору средств. Переводы на расчетный счет отправляли все – и те, кто знал Алексаняна лично (друзья, бывшие коллеги, знакомые), и те, кто никогда с ним не был знаком, от мала до велика – предприниматели как крупного, так и среднего звена, пенсионеры, студенты, журналисты, писатели, актеры...

15 декабря 2008 года, в свой день рождения, еще находясь под стражей в больнице, он, узнав о таком участии в его судьбе, сделает через адвокатов заявление:

«*Благодарю всех, кто меня поддерживает в эти тяжелые дни. Вашу веру в меня я не предам, как не предавал никого до сих пор*».

Силами всех нужная сумма будет собрана. 30 декабря 2008 года из его палаты уберут конвой, а самого в ночь на 31 декабря отпустят домой.

А потом, когда уголовное дело прекратят за истечением сроков давности и суд вернет ему деньги, он будет пытаться сам их отдать всем тем, кто перечислял. А некоторым, например Акунину, даже звонил и спрашивал: как мне поступить с деньгами – отдать вам или потратить на благотворительность?

После смерти Василия отец найдет в его столе несколько денежных переводов – на лечение детей...

Часть V

Свобода. Последние месяцы жизни

Корона на месте

Адвокат Елена Львова на автомате наматывала круги вокруг больницы. Она была словно во сне. Причем в кошмарном. За полчаса до этого она поднялась к нему в отделение, вошла в палату со словами «Вася, привет!» и в ответ услышала: «Вы что, не видите, я по телефону разговариваю? Выйдите!» От неожиданности у нее чуть не выпал из рук новогодний подарок, который она везла для него. При всем его сложном и непредсказуемом характере, при всей их непростой совместной работе такого за время их общения никогда еще раньше не было.

Когда 30 декабря его официально освободили из-под стражи, она поехала к нему. Он сидел аккуратно одетый, чистый и непривычно свободно говорил с кем-то по телефону... «Выйдите!» – эта фраза будет на протяжении нескольких лет звучать у нее внутри, раз за разом нанося удар под дых.

В ее 25-летней адвокатской практике было, конечно, много всякого, но чтобы вот так...

Тюрьма и унижения нисколько не изменили его характер. Корона вернулась на прежнее место.

Да и бог с ней, с короной. Странно, что сам – адвокат, а к коллеге отнесся как к обслуге. Хотя эта коллега не просто защищала его, а буквально спасала, вставала на колени перед врачами, умоляя его госпитализировать, ругалась с тюремщиками, прокурорами, сама подвергалась дикому давлению. Понятно, что адвокат – это друг за деньги. И она обязана была его спасать. Но в какой-то момент энергичность Львовой силовикам надоест, вдобавок станет известно о быстром рассмотрении жалобы Алексаняна в Европейском суде – в общем, ее попытаются из его защиты убрать и выпихнуть из адвокатуры вообще.

Тогдашний директор ФСИН Юрий Калинин (впоследствии получил должность вице-президента «Роснефти» по кадрам[33]) накатает на Львову жалобу в Федеральную палату адвокатов, требуя лишить статуса, и отдельно попросит Бастрыкина возбудить в отношении нее дело за клевету. Главного тюремного начальника задели высказывания Львовой в СМИ о том, что Алексаняна не лечат и не оказывают в СИЗО медицинскую помощь. Доказать обратное ФСИН не смогла, и в итоге, хоть дело против Львовой Бастрыкин и возбудил (оно даже насчитывало три тома!), его вскоре пре-

33 В декабре 2019 года бывший руководитель Федеральной службы исполнения наказаний (ФСИН) Юрий Калинин, который с декабря 2012 года был вице-президентом «Роснефти» по кадровым и социальным вопросам, переходит на другую работу в периметре компании «в связи с истечением срока трудового контракта и выходом на пенсию». Теперь в «Роснефти» Калинин курирует работу ветеранских организаций компании.

кратили за отсутствием состава преступления. Она смогла доказать, что невиновна и что Алексаняна действительно не лечат.

И вот теперь, когда в борьбе за его жизнь была одержана какая-никакая победа, некоторые ее «доброжелатели»-коллеги за ее же спиной скажут про Львову, что, мол, она слабый адвокат, ничего не делала толком... А Василий поверит, даже не пытаясь разобраться.

«Слабый адвокат»... Я видела ее заплаканные глаза после очередного продления ему стражи и отказа переводить в клинику. Я слышала ее голос в трубке, когда она первый раз позвонила мне сама и попросила приехать к ней домой. Василия к тому моменту уже перевели в гражданскую больницу, но держали на цепи, а на окно приварили решетку. Львова попросила написать об этом беспределе и заснять эту самую решетку с улицы – для истории.

Спасти Алексаняна – это был титанический труд, в котором участвовала целая команда юристов, их помощников, учеников, стажеров. Но почему-то в самые пиковые моменты, когда помочь могла только огласка, звонила из всей команды только она.

Еще она порой делала невероятное. Например, приехала к академику Воробьеву и уговорила его положить Алексаняна в Гемцентр.

– Елена Юлиановна, – ответил ей профессор, – у нас вообще-то институт крови. Здесь суперстерильно, у нас даже посторонние не ходят, есть закрытые палаты. А вы просите поместить у нас такого больного.

– Вы это сделаете, Андрей Иванович. Я знаю, что ВЫ сможете.

Он смог на свой страх и риск. Благодаря этому Алексанян прожил еще два с лишним года.

В ней уже тогда, в самый пик борьбы за него, что-то надломилось. Ею уже двигали не обязательства в рамках заключенного соглашения. Это уже было сострадание – редкое и, как показывает практика, опасное и неправильное качество для адвокатов.

...В тот декабрьский день она в оцепенении выйдет из палаты, оставит подарок у двери и спустится на улицу. У нее было ощущение, что по ней проехались катком. Она машинально будет ходить вокруг больницы. А он даже не перезвонит. Ни в этот день, ни в последующие. Ни разу. Ни он, ни его семья, с которой они так тепло общались все то время, что он сидел.

Она поняла, что в его жизнь больше не вернется. Эти два года борьбы за него и так ее подкосили, очередная эпопея под названием «Алексанян» просто лишит ее здоровья. Выждав несколько дней, она приедет к нему в загородный дом и попросит расторгнуть договор. Он изменится в лице, но ничего не спросит о причинах, возьмет ручку и молча, очень быстро напишет отказ от ее услуг.

Больше они не увидятся. Точнее, лишь через два года – она придет к нему на похороны.

В профессию она вернется только через 8 лет, до этого не сможет работать вообще. Коллеги и друзья удивлялись: имея за плечами столько практики и опыта в адвокатуре, не нарастила себе защитную броню. Сегодня она советует своим ученикам соблюдать огромную дистанцию с клиентами и никогда – какой бы тяжелый и эмоциональный «кейс» ни был – не привязываться к ним. А уж если это случилось, не удивляться тому, что клиент вдруг отнесется к вам как к обслуге.

Елена Львова – единственная из защитников Василия, кто согласился мне помочь в работе над книгой о нем, и единственная, кто предоставил архив.

Жаль, что Василий Алексанян тогда, после освобождения, поверил в интриги вокруг нее. Это было так же несправедливо, как спустя пару лет – пляски на его костях кремлевских пропагандистских СМИ, соревнующихся в остроте заголовков, от какой конкретно болезни умер юрист ЮКОСа.

Армянский Бог

В СИЗО он выучил Библию наизусть. И потом все время цитировал ее на свободе. Алексаняна-старшего это, мягко говоря, несколько удивляло, было непривычно. Сын на его недоумение однажды заметил: «Извини, папа. Я умирал два раза там, тебя рядом со мной не было, а Бог был».

Священник Алексей Уминский как-то заметил: «Иисуса две тысячи лет назад осудили на мученическую, ужасную смерть судом откровенно несправедливым и неправедным. По-современному – абсолютно заказным и постановочным. Приговор иудейских первосвященников основывался на сфабрикованных доказательствах, подтасовках фактов, предательстве, лжесвидетельстве, ни на чем не основанных обвинениях. Якобы что-то кому-то Иисус сказал, якобы намеревался что-то сделать. И все это со слов третьих лиц...»

Отец Алексей объясняет мне, что каждый раз, когда кто-либо врет на следствии или в суде, этот человек так или иначе становится соучастником убийства Христа. Потому что Евангелие от Матфея гласит: «Лжесвидетельство делает человека соучастником суда над Спасителем, который был также основан на показаниях лжесвидетелей». «И от каждого нового лжесвидетельства, — добавляет отец Алексей, — Бог умирает снова и снова...»

Еще Уминский говорит, что нет такого ужаса и состояния человеческого отчаяния, которые бы Христос не пережил на Кресте. Бог всегда пребывает в самых страшных местах. Укор людей «Ну где же ты был, когда это происходило?» бессмыслен. Он был рядом. В Освенциме, в подвалах НКВД, на Колыме, в Катыни, на Дубровке, погибал вместе с детьми в Беслане. И, наконец, если следовать логике Уминского, Бог присутствует на каждом неправедном суде, сидит в каждом конвойном помещении, в каждом автозаке, камере, следовательском кабинете, где вытаскивают показания путем шантажа и давления... И в эти минуты он так же беспомощен, как и эти несчастные, кто там сидит, переживает вместе с ними холод, голод, насилие, побои, нелечение, унижения, оскорбления, смерть. Он беспомощен, как тогда на Кресте...

– Вася, ну как ты?

– Знаешь, Армен, я видел Бога, и Бог – армянин.

В декабре 2008 года, как только снимут конвой в его больничной палате, первым из друзей Алексаняна услышит Армен Мхитарян. Он из Америки позвонит адвокату Геворгу Дангяну, чтобы узнать подробности освобождения, Геворг как раз находился в палате и передал трубку Василию.

«Я был обескуражен, услышав эту фразу про Бога, – признается мне Армен. – Сначала чуть не расхохотался. Так непривычно это было от Васи слышать. И потом – как может быть Бог армянином? Но он это произнес не в шутку, а серьезно. И я вдруг отчетливо осознал, что все эти годы заточения он думал о смерти, как никогда. Он настолько был морально и физически истощен, что эти мысли не могли не возникнуть. В ходе разговора он произнес еще пару фраз, связанных с Богом. Я почувствовал, что он реально его видел. И в видении Васи Бог был армянин...

Проходя через все эти испытания в заключении, Вася, наверно, источником сил нашел для себя веру. Мы не разговаривали на эту тему. Но знаю, что буквально за несколько месяцев до смерти он поехал в Армению и крестил там сына. Ему хотелось сделать это именно в Армении, в любимой церкви. Для армян вообще важно крестить детей на земле предков. Вася успел».

Череда странных событий

Чем он жил последние два года? Лечился, был дома, наслаждался кругом родных и не уехавших друзей, занимался сыном, дал два интервью – «Новой газете» и The New Times, и оба раза про Сечина, которого прямо назвал заказчиком всего, что с ним произошло *(читайте ниже)*. И периодически озвучивал идеи, приводящие его знакомых и коллег в недоумение. Идеи-то были благородные и рыцарские, как всегда, но способные потянуть за собой трагические последствия для него самого.

О том периоде жизни Алексаняна вспоминает адвокат **Константин Ривкин**:

«После его освобождения первый раз мы увиделись примерно к концу лета 2009 года. Он приехал ко мне в офис в марлевой повязке. Сыпал всякими медицинскими терминами, четко знал все свои диагнозы. Я полный профан в медицине. Но, с его слов, понял, что у него иммунная система практически на нуле. Это вообще уникально, что он прожил с таким состоянием несколько лет.

Он говорил: «Перед освобождением мне чуть ли не в открытую сказали: «Мы тебя выпускаем для того, чтоб ты умер не в тюрьме». То есть чтобы снять с себя всю ответственность».

Я его спрашивал о том, чем он сейчас занимается. Он отвечал: «В первую очередь – своим здоровьем. А остальное – постольку-поскольку».

Мы несколько раз встречались по моей или его просьбе, выбирали какие-то спокойные места, чтобы увидеться. Он охотно консультировал меня по тем или иным аспектам деятельности ЮКОСа. Я в тот момент активно был занят в процессе в Хамовническом суде, где по второму делу судили Ходорковского и Лебедева, и просил Василия дать мне какую-то дополнительную информацию, разъяснить, что-то подсказать. В итоге нам, адвокатам, знания и помощь Василия очень пригодились – как для работы в суде, так и для формирования нашей позиции в Страсбурге.

Сам он за процессом в Хамовниках следил по сайту Khodorkovsky.ru, там, где все у нас публиковалось – документы, сведения о судебных заседаниях. Я даже не припоминаю, чтобы он задавал мне какие-то дополнительные вопросы о суде, на котором я сидел круглые сутки. Он все знал.

Помню, он очень негативно высказывался о Даге Миллере[34]. Мы много разговаривали о том, как повели себя PwC в «деле ЮКОСа». Он назы-

34 Даг Миллер – аудитор ЗАО «ПрайсвотерхаусКуперс Аудит», российской структуры PricewaterhouseCoopers (PwC). В 2007 году, по настоятельной просьбе прокуратуры, PwC отозвала все свои аудиторские заключения по ЮКОСу за 1996–2004 годы из-за того, что компанией якобы «представлялись необъективные данные». Наравне с генпрокурором Юрием Чайкой об этом от имени PwC рапортовал как раз Даг Миллер. Не сообщал Миллер только о том, что, как только PwC отозвала свои заключения по ЮКОСу, возбужденное Генпрокуратурой дело о «неуплате налогов» против самой PwC было тотчас же прекращено

вал Миллера лжецом. «Знаете, я с ним плотно работал. Очень плотно. Ему давалась вся-вся-вся информация, – рассказывал Василий. – И когда он и его сотрудники говорили на каком-то этапе: «вот этого не хватает», мы предоставляли то, чего не хватает, без всяких ограничений. И когда сейчас он говорит следствию, что PwC чего-то там про ЮКОС «не знал», – это наглая ложь. Мне очень обидно все это слышать». То есть он прекрасно понимал, что сотрудникам PwC выкрутили руки и, видимо, дали команду «сдаемся по полной программе, чтобы спасти свой бизнес в России». Но поведение Миллера было одним из самых больших огорчений для Василия.

В одну из наших встреч он поделился идеей выступить в Хамовническом суде свидетелем защиты. Идея, конечно, вызвала определенное потрясение у Ходорковского и Лебедева, когда я о ней им рассказал. От нее в итоге решили отказаться – исключительно ради безопасности самого Василия, к которому, понятное дело, после его выступления в суде могли бы сразу прицепиться и – не исключаю – найти повод арестовать по новым обвинениям.

Сам Алексанян периодически рассказывал мне про череду странных событий, которые происходили с ним на свободе. То дома у него внезапно пошла горлом кровь, а выехавшего к нему срочно врача, у которого он наблюдался, остановила по пути машина ДПС, долго проверяла документы. Врач смог приехать очень поздно и спас его в последний момент. Действительно странный случай. То колеса у автомобиля Василия оказывались плохо прикручены... Или вдруг его водителя обвиняли в совершении ДТП, хотя в указанный период водитель находился в гараже.

В том, что Алексанян был под контролем, сомнений нет. Интерес «специальных товарищей» к Василию был достаточно очевиден. Он, кстати, болезненно к этому относился. Но без паники и без трагедии. Наоборот, в каких-то случаях приходилось ему говорить, чтобы он такие-то вещи не делал, на что-то не реагировал».

Но на многое он не реагировать не мог. И ни Ривкина, ни других своих знакомых не слушал.

«Алло, это Василий Алексанян. Вы не могли бы меня записать?» – звонил он, например, на радиостанцию «Эхо Москвы» и предлагал свой комментарий об очередном судебном *дне* в Хамовниках. Комментировал и абсолютное непонимание прокурором Лахтиным азов аудита, и то, как интерпретировались этим прокурором показания свидетелей, настаивал, чтобы Лахтин прошел медицинское освидетельствование...

Обиды

Как до посадки, так и после тюрьмы он критически относился к тем, кто уехал. После освобождения стал еще категоричней. На уехавших друзей – тех же Рудольфа и Армена, висевших в России на волоске от ареста, – и вовсе затаил хоть и скрытую, но обиду. Ему казалось, что уехавшие товарищи недостаточно жертвовали собой. Это было, конечно, несправедливо по отношению к ним. Василием двигал какой-то утроенный (по сравнению с дотюремным периодом) максимализм и абсолютное непонимание того, что люди, уезжая, спасали не только себя, но и свои семьи.

Рудольф Мхитарян: «Обида на уехавших была у него всегда. Когда еще мы с ним были в Москве и все разъехались, он говорил: «Вот, они уехали...» Я отвечал: «Вась, ну так получилось. Да, уехали. А что им нужно было делать?» – «Нужно было оставаться здесь до конца!» И я прекрасно понимал: вот сейчас он выйдет, наверняка так же обидится и на меня. Что и произошло. Хотя он этого вслух не говорил, но я чувствовал его обиду».

«Это как во время войны: если у тебя есть граната, то ты можешь выступать против танка, а если у тебя нет гранаты? То что – надо намотаться на гусеницы? О'кей, можно намотаться на гусеницы. Смысл-то в этом какой?» – комментирует этот максимализм Ходорковский.

«У каждого из нас были моменты, когда просто надо было принимать решение: или продолжать воевать с силовиками, или задуматься о семье и о себе, – продолжает мысль Армен Микаэлян. – Никто не посмел упрекнуть меня, когда я позвонил из Армении Паше и Рудольфу и сказал: «Ребята, я сделал все, что смог, но я не могу воевать с российскими силовиками в Армении». Всем было достаточно того, что случилось с Васей. Вторая или третья жертва была не нужна. У всего есть предел и на вещи нужно смотреть реально и требовать реального.

А Вася – максималист не только по отношению к себе, но и по отношению к другим. Наверное, во время войны он был бы каким-нибудь генералом, возглавляющим штурмовую бригаду. Меня не покидало ощущение после его освобождения, что, несмотря на то что его лишили здоровья, морально он как был каратистом второго или третьего дана, так каратистом и остался. И еще забавная вещь: освободившись, он никак не мог выйти из роли корпоративного руководителя – звонил нам, ругался, ворчал, требовал что-то, советовал, будучи, конечно, не столь хорошо осведомленным в ряде вопросов: все-таки был выключен из жизни фактически на четыре года».

Дефицит мягкости и дипломатичности ощущался в Алексаняне после тюрьмы как никогда остро. С некоторыми знакомыми и недавними друзьями он разрывал отношения навсегда.

У него словно был синдром вернувшегося из Афгана. Хотя трудно понять, что страшнее: Афган или наша тюрьма, тот ад, в котором он жил почти три года.

После своего освобождения Василий очень разозлится не только на уехавших друзей, но и на британское посольство. Он решил самостоятельно, не прибегая к помощи специалистов, заняться получением английской визы. И, естественно, получил отказ: британцы всегда крайне скептически относятся к тем из заявителей, кто подвергался уголовному преследованию либо имеет судимость.

Рудольф Мхитарян: «Для Васи это была такая обида: как, мне, сидельцу ЮКОСа, отказали... Мы с Дэйвом Годфри были возмущены, что он не обратился к нам. В Англии ведь лучшие юридические фирмы, мы бы их подключили, и они спокойно за Васю подали бы на визу, профессионально обосновав необходимость ее получения для него, объяснив истинные мотивы его преследования на родине. Не было бы никаких проблем. Но Вася есть Вася. После отказа посольства он разговаривал со мной букой: «Эти ваши англичане меня не пустили, я не приеду!» Я говорил: «Вась, ты на нас-то чего обижаешься? Почему сразу не сказал?»

Короче, с ним было трудно. Но почти все делали ему большую скидку. Никто из его друзей не прошел то, что прошел он. Никто не был в его шкуре, и никто, слава богу, смертельно не болел.

Оксана Балаян, одна из немногих, кто видел Алексаняна в последние два с половиной года его жизни: «Вася продолжал оставаться эстетом – он собирал иногда нас, друзей, оставшихся в Москве, в своем очень красивом доме в «Горках». Изменился ли он? Наверное, ситуации, подобные тем, в которые он попал, все-таки очень сильно открывают тебе глаза и на твоих друзей, и на врагов. Он, безусловно, не испытывал нежных чувств к исполнителям. Но он никогда не делился этим особо. Меня больше удивляла его категоричность в суждениях относительно определенных друзей. Да, действительно были люди, которые его предали, вот, прямо реально. Но почему его категоричность коснулась других друзей, я не могла понять. Но я не могу его судить за эту категоричность: когда человек смертельно болен, у него абсолютно другое мироощущение.

Васе в последние месяцы перед уходом приходилось каждый день прикладывать большие усилия для того, чтобы прожить новый день более-менее нормально.

И в тот период он был настолько хорошим сыном и отцом, что это, наверное, компенсировало и оправдывало то, что он не мог быть идеальным другом кому-то. Зато он успел очень много сделать для своей семьи: для сына, для родителей, для братьев... Думаю, перед уходом он много анализировал свои шаги, что было сделано правильно, что нет. Ведь он с детства играл в шахматы. Наверное, ошибочные ходы его злили.

Вася, конечно, несправедливо рано ушел. Если бы с этой болезнью можно было еще как-то справиться получше с точки зрения медицины, я уверена, мы бы еще увидели другого Васю – повзрослевшего, помудревшего, более интересного. Он бы уже вырос из того мальчишки, который вечно бегает, прыгает, спорит, с кем-то дерется, что-то ломает, потом снова строит...

Мы бы увидели его духовный и интеллектуальный расцвет. Имея такие мозги, как у него, можно было бы совершить еще много чего в профессиональном плане. И прежде всего победить на интеллектуальном уровне его противников и оппонентов его компании, тех, кого он не смог победить, будучи в тюрьме».

Оксана говорит, что совсем незадолго до смерти Василий опять всех собрал в «Горках». Он уже был совсем слаб, выглядел изможденным. Но не был грустным. Чувствовалось лишь, что хотел больше, чем могло его тело. Его дух был сильнее, чем физические возможности. «И это его тоже злило», – говорит Оксана.

Иллюзий по поводу выздоровления уже никто не строил. Да и даже не говорили об этом в последнюю встречу. Говорили о детях. Алексанян увлеченно строил планы по поводу 9-летнего сына Георгия, его образования, спрашивал совета у друзей, имевших сыновей, как лучше воспитывать пацанов, какие принципы им закладывать. Уходить ему не хотелось, хоть он и устал...

Уход

К осени 2011 года все стало как-то совсем стремительно ухудшаться. Анализы были, прямо скажем, нехорошими. Летом в Испании, куда Алексанян выехал с отцом и сыном, у него случился тяжелый приступ, из которого он еле выкарабкался. В начале осени перестал отвечать на смс-сообщения и звонки знакомых и коллег, с которыми всегда общался.

Организм уже не справлялся с болью. Родители искали целителя. Василий уходил.

Понедельник, 3 октября 2011 года, выдался в Москве сухим и солнечным. Все произошло около 14 часов, у него в загородном доме. Рядом был отец. Скорая приехала и зафиксировала смерть.

Известие о кончине бывшего вице-президента ЮКОСа пришло к вечеру – с телеканала «Дождь», где работал его младший брат Гриша. Известие было неожиданным. Совсем. Даже для тех друзей, кто, казалось, был готов, что рано или поздно...

Дэйв Годфри в тот момент приземлился в аэропорту Лас-Вегаса, включил телефон, и первой зазвенела эсэмэска от их общего знакомого: «Василий умер». Приехать на похороны в Москву Дэйв не смог – над ним, как и над другими топ-менеджерами ЮКОСа, в России висело уголовное дело. После похорон дядя Жора скажет ему по телефону, что, кажется, сын Вася обладал редкими качествами даже для армян – наивысшей степенью решительности и уверенности, переходившей порой в опасную крайность. Эта неукротимая решительность его и погубила.

Менее чем через год отец с братьями установят на кладбище стелу. Правая часть будет принадлежать двум его молодым дедам и дяде, пропавшим без вести на войне. А левую часть займет он, Василий Георгиевич Алексанян. В свои 39 лет он будет там старше всех.

Через какое-то время его сына Георгия отдадут учиться в лицей им. Марии Филипповны Ходорковской в Кораллово – для детей, чьи родители умерли, либо чьи семьи оказались в сложных жизненных ситуациях. Отдать его в лицей просил сам Василий.

В 2019 году 17-летний Георгий Алексанян поступит на юридический факультет МГУ, в котором когда-то учился его отец.

События после. Однокурсник Шувалов

4 октября 2011 года, на следующий день после смерти Василия Алексаняна, в Чикаго проходило ежегодное заседание Американо-Российского делового совета. На нем в качестве гостя вместе с семьей – женой Ольгой и старшим сыном Женей – присутствовал российский инвестиционный омбудсмен, первый вице-премьер Игорь Шувалов, в прошлом – друг и однокурсник Алексаняна. Вместе с остальными выступающими Шувалов сидел в президиуме. Конференция шла по накатанной колее: участники вяло обсуждали кризис, перспективы мировой экономики, перезагрузку отношений США и России, Шувалов много говорил про

«борьбу с коррупцией». Он находился в отличном настроении и восхищался городом, в котором не был 20 лет.

Вдруг среди слушателей он увидел однокурсника, юриста Павла Ивлева, сотрудничавшего с ЮКОСом и вынужденного бежать из страны вместе с семьей, опасаясь уголовного преследования. Когда-то они крепко дружили: Василий, Игорь, Павел... Ивлеву как юристу даже пришлось плотно работать на семью Шуваловых до 2007 года.

Теперь Павел поднялся с места и, заметно волнуясь, при всех обратился к вице-премьеру с вопросом: «С коррупцией, конечно, хорошо бороться... Но как насчет компании ЮКОС, которую уничтожило российское государство? Это самая что ни на есть коррупция. При этом уничтожили не только компанию. Буквально вчера в Москве умер наш с вами близкий товарищ Василий Алексанян, юрист ЮКОСа. Он стал одной из жертв этого беззакония. Что вы об этом думаете? Что собираетесь делать лично для борьбы с пандемической коррупцией, которая распространилась по всей стране?»

Шувалов смазанно и растерянно заметил, что ему «жаль нашего друга», а дальше озвучил стандартный пассаж, произносимый им на всевозможных экономических и деловых форумах, когда его спрашивали о «деле ЮКОСа»: компания использовала незаконные налоговые схемы и транзакции, и потому в правильности преследования компании в уголовном порядке он, Шувалов, не сомневается...

...Студентом юрфака Шувалов часто проводил вечера в доме родителей своего однокурсника и друга-балагура Васи Алексаняна. Они были чем-то похожи: оба видные, высокие, способные, оба учились в одной спецгруппе на кафедре международного права юрфака МГУ, что по тем временам было неописуемо круто. Дружили, хоть внутренне были разные: Шувалов всегда организован, собран и деловит, Алексанян хулиганист и раскован.

В квартире Алексанянов на улице 26 Бакинских Комиссаров порой собиралось по 20–30 студентов, включая и Игоря Шувалова. Всех родители Васи принимали по-армянски хлебосольно. Когда спустя 13–15 лет в эту семью придет беда, средний сын попадет в тюрьму и окажется там на краю могилы из-за отказов в лечении, когда всем и вся будет очевидно, что не лечат его специально, – бывший однокурсник и друг Васи Игорь Шувалов, к тому моменту уже крупный чиновник, в семью эту ни разу не придет и даже не позвонит родителям-старикам.

Никто не обязан быть героем, в том числе Шувалов, на момент описываемых событий работавший помощником президента России, считавшийся либеральным продвинутым чиновником и представлявший Россию в G8[35], где среди прочего делал те самые заявления о законности и правильности «дела ЮКОСа». Это была его работа.

Ну а то, что в тот момент его бывший друг, как раз работавший в этом самом ЮКОСе и еще не приговоренный ни к какому наказанию, умирал в тюрьме, лишенный лекарств, – ну это просто жизнь, что тут поделаешь, скажут многие. Игорь Шувалов не обязан был быть героем, и так совпало по иронии судьбы, что в тот момент ему как раз надо было привлекать инвесторов в страну, где предпринимателей сажают пачками и часто издеваются и убивают их в тюрьмах...

Делал ли Шувалов какие-то непубличные шаги, чтобы как-то помочь Василию, – никто не знает. Известно лишь, что в 2004 году Шувалов помог вытащить из СИЗО свою знакомую Елену Аграновскую, юристку «АЛМ Фельдманс» (бюро, сотрудничавшего с ЮКОСом). После 2004 года про его помощь никто не слышал. Я, конечно, хотела у него самого об этом узнать. Но Игорь Шувалов не ответил на мой официальный запрос об интервью.

Помогло бы как-то Алексаняну, которого убивали в тюрьме, заступничество его высокопоставленного однокурсника Шувалова? Ведь «дело ЮКОСа» было отдано на откуп Сечину... А Шувалов бы сам не пострадал? В любом случае, одно очевидно: карьера и блага, которые режим позволил тебе иметь, – вот от них очень трудно отказаться. Может, наверное, охватить ужас, если представишь, что вдруг не будет ни этих квартир и домов, ни этих миллионов, ни этих самолетов, всей этой роскошной жизни...

В 2012 году Игорю Шувалову пришлось пережить много неприятных минут. Вокруг его имени разгорелся громкий коррупционный скандал: в американские деловые СМИ попадет информация о том, как за 20 лет карьеры чиновника он успешно сочетал высокие должности в администрации президента и правительстве с бизнесом. Сделки на миллионы долларов им заключались с такими фигурантами списка Forbes, как Усманов, Абрамович, Керимов и другие... Офшоры, займы, сомнительные схемы и транзакции – все то, в чем он обвинял ЮКОС.

Особых опровержений не было.

И очень быстро стало понятно, от кого могла пойти эта утечка. Юрист Павел Ивлев еще с конца 90-х вел дела четы Шуваловых и управлял их банковскими счетами. Кому, как не ему, были известны детали и подробности всех сделок вице-премьера.

---

35 В 2014 году Россия была исключена из клуба стран «Большой восьмерки» (G8) из-за аннексии Крыма.

Многие, даже из соратников Ивлева, назвали слив информации о бизнесе Шувалова нарушением адвокатской этики. С ним, например, перестала работать семья МБХ: Ивлев был лишен возможности участвовать в деятельности созданного совместно с Павлом Ходорковским Института современной России.

Ивлев не то чтобы активно, но от своей роли в сливе компромата открещивался. В выпущенном тогда заявлении юрист отмечал, что от ведения дел семьи Шуваловых отошел в 2007 году, к тому моменту вполне осознав нелегитимность их операций. Еще Ивлев писал, что Шуваловы не были как таковыми его доверителями и официального соглашения об оказании юридической помощи между ними не заключалось, так что никакой этики он не нарушал. А если бы соглашение и заключалось, то Кодекс профессиональной этики адвоката гласит, что «Закон и нравственность в профессии выше воли доверителя».

Понятно, что договаривались Шувалов и Ивлев когда-то устно, как друзья. Устные договоренности тоже нарушать некрасиво, тем более если ты получал за такую работу деньги. Но к 2012 году пути Ивлева и Шувалова разошлись столь кардинально, что на одну подлость (равнодушие бывшего друга, когда другой друг умирал в СИЗО) пришлось отвечать другой подлостью, но не столь смертельной – компроматом.

Когда я озвучиваю Павлу это мое толкование его действий, он снова отказывается что-либо комментировать на этот счет, говоря, что не хочет «выплескивать тему» Шувалова в публичное пространство. Но я, зная Павла не первый год, его характер, принципы, эмоциональность, уверена, что этот слив был в первую очередь его своеобразной пощечиной Шувалову за Алексаняна. Да, Шувалов лично не удерживал бывшего однокурсника в тюрьме без лекарств. Но он продолжал работать на власть, которая это охотно делала. И продолжал делать заявления о правильности «дела ЮКОСа» и необходимости «борьбы с коррупцией». При этом, будучи госслужащим, зарабатывал миллиарды на не совсем прозрачных сделках.

Ивлев «дал по морде» не только за Василия, но и за двуличие, показав, кто на самом деле реальные коррупционеры в России.

Да, как юрист Ивлев не имел права сливать информацию своего бывшего клиента – он нарушил адвокатскую этику, хоть и не был связан официальным соглашением с этим клиентом. Но чисто по-человечески мне в этой истории Ивлев ближе.

Павел снова молчит, когда я ему озвучиваю свое видение тех событий. Но вдруг замечает: смерть Василия стала водоразделом в его отношениях со многими, не только с Шуваловым:

– Да, мы с Игорем были друзьями. Причем близкими. Но у меня был еще один друг – Вася. Его смерть сыграла роль триггера, спускового крючка. После истории с Васей лично для меня стало невозможно многое. Все стало однозначнее.

Тогда, вечером 4 октября 2011 года в Чикаго, после публичного диалога на круглом столе Ивлев и Шувалов выпьют в номере гостиницы. Павел не хочет раскрывать суть их беседы. Просто говорит: «Посидели, выпили понемножку и распрощались. Это сложная тема. О ней отдельно надо говорить. Я не хочу».

Скорее всего, ему тогда стало понятно, что Шувалова смерть Алексаняна нисколько не изменила и что в целом позиция бывшего друга не изменится никогда. Хотя друг этот прекрасно понимает и происходящее в стране, и причины «дела ЮКОСа», но будет продолжать служить этому режиму, оставаясь его неотъемлемой частью.

После этого октябрьского вечера в Чикаго Ивлев и Шувалов больше никогда не увидятся.

Никто не обязан быть героем. Но даже у тех, кто не обязан, все равно всегда есть выбор. Выбор Алексаняна при всех его амбициях и ребяческом максимализме был таким: остаться, бороться за компанию и обречь себя на тюрьму и пытки, но не предать. Выбор Ивлева – уехать, но продолжать борьбу за компанию и сотрудников из эмиграции. Выбор Шувалова – тратить десятки миллионов рублей в год на перелеты собак корги на частном самолете на международные выставки, скупать недвижимость в России и за рубежом, приглашать для проектирования своего поместья в Подмосковье итальянских архитекторов, рассуждать о причинах бедности в России и обещать искоренить коррупцию.

Каждый выбирает по себе.

Эпилог

- Через колонии и тюрьмы прошли свыше двух десятков сотрудников ЮКОСа: двое умерли, один человек – Алексей Пичугин, приговоренный к пожизненному сроку по недоказанным обвинениям, – остается за решеткой с 2003 года.

- Около 40 сотрудников ЮКОСа были вынуждены покинуть страну из-за угрозы ареста.

- ВИЧ и туберкулез продолжают оставаться самой распространенной причиной смерти заключенных в российских тюрьмах. Как и прежде, это связано с пофигизмом должностных лиц ФСИН, а в последние годы также с катастрофическими перебоями с поставками лекарств в места лишения свободы. По всей стране. Причина перебоев – закупками лекарств занимается ФСИН, а не Минздрав.

- Добиться перевода тюремной медицины из подчинения ФСИН в подчинение Минздрава у правозащитников, как когда-то у академика Воробьева, пока не получается. Государство их не слышит.

- Пытки в российских тюрьмах и колониях стали нормой. За это редко кто из должностных лиц получает реальное наказание.

- Россия продолжает занимать лидирующие позиции по высокому уровню коррупции, бедности населения, низкому индексу счастья[36] и качества

36 Международный индекс счастья (англ. Happy Planet Index) – индекс, отражающий благосостояние людей и состояние окружающей среды в разных странах мира. Индекс счастья основывается на общих утилитарных принципах, что большинство людей хотят прожить долгую и полноценную жизнь, а страны стремятся сделать все возможное для достижения максимального благополучия своих граждан, разумно используя имеющиеся ресурсы и не нанося ущерба окружающей среде. Для расчета индекса, в частности, используются такие показатели, как субъективная удовлетворенность людей жизнью и ожидаемая продолжительность этой жизни.

жизни, находясь по этим показателям рядом с Узбекистаном, Нигерией и Зимбабве.

- Разговоры о борьбе с коррупцией (с которых фактически и началось «дело ЮКОСа» в феврале 2003 года) остаются разговорами. Из федерального бюджета по-прежнему воруют, а ущерб от коррупции в нашей стране можно измерять триллионами, что подтвердил в 2020 году даже глава Счетной палаты Алексей Кудрин.

- Государственная компания «Роснефть», которой за бесценок достались основные активы ЮКОСа, имеет триллионные долги перед бюджетом, но успешно процветает за счет налогоплательщиков. А глава компании Игорь Сечин, которого Василий Алексанян и ряд других фигурантов «дела ЮКОСа» обвиняли в своих уголовных преследованиях, имеет возможность покупать женам яхты за 8,6 млрд рублей, строить дома за 3,8 млрд рублей и судиться с журналистами, когда те пишут об этих покупках.

- Кстати, про суды. Они в России уже не работают. Вообще. А Конституцию в июле 2020 года перекроили ради пожизненного срока одного человека.

Что бы они ему сейчас сказали

Рудольф Мхитарян: «Вась, я очень скучаю по тебе. Часто вижу перед глазами твою улыбку. Мне очень хочется посидеть с тобой вместе. В тишине. Ничего не говорить и ничего не спрашивать у тебя. А просто крепко-крепко тебя обнять».

Павел Ивлев: «Вась, тебе скоро будет 50. А мне уже за 50. За годы, что мы не виделись, многое изменилось. Подросли дети. Путин побыл Медведевым и вернулся, освободив Ходорковского и захватив Крым. Наш университетский товарищ Шувалов наконец ушел из правительства, сбылось. А меня эти придурки с Технического[37] в 2019-м осудили заочно на 10 лет,

37 По адресу: Технический переулок, дом 2, в Москве располагается здание Следственного комитета Российской Федерации.

представляешь? Ты там в числе соучастников, кстати, и Стивен Кертис[38] тоже.

Тупые мерзкие исполнители... Ничего, всех пересажаем, не забыть бы.

Вспомнилось почему-то, как ты азартно играл в футбол со студентами в Амстердаме, когда мы там учились в летней школе права в 1993-м. Я не играл, жалею – хоть в защите бы мог постоять. Мы твоя команда, и мы обязательно выиграем!»

Дэвид Годфри: «Все, что я могу сказать, – это спасибо, мой друг, за твою бесценную дружбу, руководство, наставничество и бесчисленные пути, которыми ты, твои друзья и твоя семья неизмеримо расширили и углубили мою жизнь. По сей день у меня на столе стоит твоя фотография».

Антон Дрель: «Вась, я счастлив, что знал тебя. Я горжусь, что судьба свела меня с тобой, что мы дружили. Это были одни из лучших моментов в моей жизни. Не могу сказать, что ты был идеален, что ты был ангел, – ты много брал от людей, но и много им давал. Спасибо тебе».

Оксана Балаян: «Мне кажется, я успела тебе сказать самое главное. Но повторю: Вася, ты – очень особенный человек в моей жизни. Я тебе уже это говорила. И еще говорила, что на 100% на меня всегда можно рассчитывать. Может быть, ты это не всегда знал, или слишком меня берег, старался всегда по отношению ко мне быть сильным. Не надо было меня беречь».

Константин Ривкин: «Страшно, когда родители переживают своих детей. Но Ваши могут быть уверены: они вырастили прекрасного человека, который достойно прожил свою жизнь. Мне Вас очень не хватает. Вашей искренности и профессионализма. Я горжусь Вами».

Михаил Ходорковский: «Если бы мне удалось с Вами увидеться до Вашей смерти, я бы сказал, что... Мы все люди разные и совершаем в жизни много разных поступков, но то, как человек ведет себя перед лицом смерти, – это один из самых важных критериев. Вася, Вы повели себя перед лицом смерти как герой. Вы умирали достойно. И то уважение, не профессиональное уважение, а личностное уважение, которое, возможно, Вы от меня

---

38 Британский юрист, работавший с ЮКОСом и «Менатепом», в марте 2004 года погиб в авиакатастрофе.

ждали в период нашей совместной работы, Вы, несомненно, получили. Я бы хотел, чтобы Вы это знали».

Армен Микаэлян: «Мы часто тебя вспоминаем, когда собираемся с Дэйвом, с Пашкой, с Рудольфом... Я хочу, чтобы ты знал: ты многим из нас задал высокую планку и в части карьеры, и в человеческом смысле. Ты показал, как надо себя вести. По сути, это ты поднял нас на борьбу.

И мы тебя не подвели. Не согнулись, не сдались, не перебежали на сторону врага. Все правильно себя повели, как бы ты ни ругался на нас за то, что мы уехали. Вся твоя борьба была не зря. Жизнь показала, что созданная тобой команда свое дело сделала, но, к сожалению, уже без тебя. Думаю, ты был бы горд результатом. Мы отстояли активы ЮКОСа по максимуму и как были все друзьями, так и остались, не разошлись, не разругались между собой, не потерялись. Эта дружба на всю жизнь, о ней можно снять фильм – начиная со студенческих лет, наших первых заграничных поездок по обмену и заканчивая «делом ЮКОСа» и всем, что за ним последовало...

И я надеюсь, что ты все-таки продолжаешься в своем сыне. Хочется, чтобы он знал: мы и его друзья тоже».

Приложение

Заказчики, организаторы, исполнители

В назидание тепперешним и будущим сволочам, которые должны понимать, что они ответственны перед собой, перед своей фамилией и перед потомками, которым потом, может быть, придется либо гордиться, либо стыдиться своих корней.

Владимир Войнович

Они спокойно доживают свой век и ответственности пока не понесли. Кто-то по-прежнему на государственных должностях, кто-то ушел со своих постов, но остался при пожизненных пенсиях, регалиях и наградах, некоторые из тюремщиков подались в бизнес, например в «Роснефть», другие – из следователей в Госдуму...

Есть конкретные фамилии – и я бы хотела их назвать. Этих людей, конечно, никто не признавал виновными (смешно ждать такого от российского суда), но их называл виновными сам Василий Алексанян, как во время нахождения в СИЗО, так и после своего освобождения. Причем он настолько ничего не боялся, что в интервью прямо озвучивал имя заказчика своей посадки и целенаправленного гнобления в СИЗО – Игоря Сечина, главы самой известной в России государственной нефтяной компании. С него и начнем.

Заказчики

СЕЧИН Игорь Иванович, 07.09.1960 г. р.

Главный исполнительный директор нефтегазовой компании ПАО «НК “Роснефть”» (с 2012 г.). Ранее заместитель председателя правительства РФ (2008–2012), еще раньше – заместитель руководителя администрации президента России (1999–2008, с 2004 г. также помощник президента). По заявлению руководителей и акционеров ЮКОСа, именно Сечин стоит за уничтожением этой нефтяной компании, а также уголовными преследованиями в отношении ее сотрудников. По данным информированных источников в Следственном комитете, Сечин контролировал ход расследования уголовных дел в отношении сотрудников НК «ЮКОС» и проводил закрытые совещания для следователей Генпрокуратуры и Следственного комитета, непосредственно участвовавших в уголовном преследовании фигурантов «дела ЮКОСа», включая Василия Алексаняна. Наиболее близкими к Сечину в этом деле считаются Владимир Устинов (Генпрокурор России в 2000–2006 гг.), Юрий Бирюков (тогда – первый заместитель генпрокурора) и Салават Каримов (следователь Генпрокуратуры, затем советник генпрокурора Юрия Чайки), лично предлагавший Алексаняну сделку – дать показания против руководства ЮКОСа в обмен на освобождение *(читайте выше).*

«Роснефти» отошли основные активы НК «ЮКОС» после банкротства компании.

Василий Алексанян – об Игоре Сечине (в интервью «Новой газете»):

«Я полагаю, что Путин и Сечин (в особенности) не гнушаются такими методами, которые были близки т. Сталину. Мне не раз по тюремной «почте» передавали, что *есть приказ тебя живым не выпускать.* Не успели. Но даже на свободе меня в покое не оставили. Конечно, нет прямых доказательств, но со мной за эти два года на свободе происходили достаточно странные вещи. Очень похожие на известные случаи отравления. Божьей милостью я жив. Я полагаю, что у кого-то есть санкция на ликвидацию. И это не шутка. Манера поведения была очень проста: мы можем с тобой сделать все, что захотим, – выбирай. Безнаказанность, а точнее, ее осознание – вот их стимул».

В интервью The New Times:

«Когда я сидел в тюрьме, ко мне приходили люди и говорили, что Сечин приказал: «Живым не выпускать!» Мне передавали такие пугалки и страшилки».

NT: «Кто? Следователи, оперативники?»

Алексанян: «Это очень сложно объяснить. В тюрьме по-разному все бывает: подсадят кого-то, он тебе чего-то шепнет, потом вдруг тебя куда-то поведут, сзади идет конвоир и чего-то в спину скажет. Все эти методы оперативной работы у них отработаны».

Организаторы

УСТИНОВ Владимир Васильевич, 1953 г. р.

Генеральный прокурор РФ с 2000 по 2006 год. По утверждению защиты Ходорковского и Лебедева, Устинов, получив в 2003 году соответствующее указание руководства страны, сформулировал задачу незаконного привлечения к уголовной ответственности руководителей и сотрудников НК «ЮКОС». В дальнейшем – курировал следствие и судебные процессы над фигурантами «дела ЮКОСа».

По словам бывших руководителей ЮКОСа, Устинов лично докладывал о результатах уголовных дел в отношении сотрудников нефтяной компании на Совете безопасности при президенте РФ, президенту и его окружению.

Одно время Устинов находился в родственных отношениях с Игорем Сечиным. Сын Устинова Дмитрий, выпускник академии ФСБ, как раз в 2003 году (когда началось «дело ЮКОСа») женился на дочери Сечина Инге. Сам Сечин в тот момент занимал должность заместителя главы администрации президента. В скором времени после свадьбы Дмитрий Устинов тоже поступил на работу в администрацию президента. В 2005 году у пары родился сын. Позже Устинов-младший и дочь Сечина разошлись.

БИРЮКОВ Юрий Станиславович, 0 0 1948 г. р.

С июня 2000 года по июнь 2006 года – первый заместитель Генерального прокурора РФ Владимира Устинова. Через сменявшихся руководителей следственной группы обеспечивал постоянный характер незаконных преследований руководителей и сотрудников НК «ЮКОС». Санкционировал заведомо незаконные обыски в адвокатских бюро и банках, изъятия адвокатских досье и банковских документов. С целью воспрепятствования хозяйственной деятельности дал указание о незаконном аресте банковских счетов предприятий группы НК «ЮКОС». Подбирал состав следственной группы, добиваясь его формирования за счет наиболее беспринципных следователей. Санкционировал возбуждение уголовного дела по сфабрикованным материалам в отношении Василия Алексаняна как раз в тот момент, когда тот занял пост вице-президента компании (чтобы помочь ей выйти из кризиса, вызванного арестом руководителей и банковских счетов, и рассчитаться с долгами). Направил в суды заключение о наличии в действиях

Алексаняна «признаков преступлений», а также представление о взятии того под стражу. Хотя знал, что Алексанян не собирался скрываться за границу и что тот в течение двух лет всегда являлся на все допросы в Генпрокуратуру.

С декабря 2006 года по сентябрь 2014 года по н.в. (2020 г.) – член Совета Федерации от правительства Республики Калмыкия.

ГРИНЬ Виктор Яковлевич, 01.01.1951 г. р.

С 2006 года по н. в. – заместитель Генерального прокурора РФ. Курировал дела в отношении сотрудников НК «ЮКОС». Санкционировал и настаивал на содержании под стражей тяжелобольного Василия Алексаняна. В начале 2008 года направил его дело в Симоновский районный суд г. Москвы для рассмотрения по существу, зная, что обвиняемый смертельно болен: ВИЧ в тяжелой стадии, рак лимфатических узлов, туберкулез и другие заболевания, что подтверждалось медицинскими документами.

Гринь – государственный советник юстиции 1 класса, почетный работник прокуратуры РФ, неоднократно поощрялся государственными и ведомственными наградами, в частности медалью ордена «За заслуги перед Отечеством» II степени.

Является фигурантом «списка Магнитского».

ЧАЙКА Юрий Яковлевич, 21.05.1951 г. р.

Генеральный прокурор РФ с июня 2006 года по январь 2020 года. Сменив Владимира Устинова, продолжил руководство преследованиями по сфабрикованным уголовным делам в отношении сотрудников НК «ЮКОС».

БАСТРЫКИН Александр Иванович, 27.08.1953 г. р.

Руководитель Следственного комитета РФ. Контролировал незаконные расследования в отношении фигурантов «дела ЮКОСа», включая Василия Алексаняна. Осуществлял непосредственное руководство подчиненными следователями, материально заинтересовывал их к продолжению незаконных действий и методов работы (премирование, досрочные повышения званий). Игнорировал предписание Европейского суда по правам человека о необходимости срочного перевода Алексаняна на лечение в гражданскую клинику.

Был против освобождения Алексаняна из СИЗО даже под залог. Причем публично не скрывал этого. Выступая в качестве свидетеля обвинения на процессе в Московском городском суде по делу экс-главы ГСУ Дмитрия Довгия (обвинялся в получении взятки), заявил, что тот предпринимал попытку освободить вице-президента ЮКОСа из-под стражи под залог (подпись Довгия стояла на соответствующем постановлении следователя Логинова). Бастрыкин охарактеризовал эту попытку как должностной проступок и отметил, что после этого усомнился в «добропорядочности подчиненного».

Непосредственные исполнители

КАРИМОВ Салават Кунакбаевич, 24.10.1954 г.р.

Старший следователь по особо важным делам Генеральной прокуратуры РФ. С 2003 года организовывал и координировал незаконное уголовное преследование по сфабрикованным обвинениям в отношении основных акционеров, менеджеров и сотрудников НК «ЮКОС», включая Василия Алексаняна. Руководил следственными группами по «делу ЮКОСа». В декабре 2004 года был отмечен президентом Владимиром Путиным как один из тех следователей, на которых надо равняться прокурорам. Тогда же был награжден почетным званием «Заслуженный юрист Российской Федерации».

После первого приговора Ходорковскому и Лебедеву весной 2005 года Каримов был назначен исполняющим обязанности прокурора Республики Башкирия. В декабре 2006 года его снова перевели на работу в Генпрокуратуру. В тот момент как раз готовились новые обвинения против Ходорковского и Лебедева. По словам Алексаняна, в ходе следствия в отношении него Каримов лично неоднократно предлагал ему сделку – освобождение и лечение в обмен на показания против Ходорковского и Лебедева. При этом Каримов доподлинно знал из судебно-медицинской экспертизы, что у Алексаняна тяжелая болезнь и ему требуется терапия ВААРТ.

В сентябре 2007 года Каримов подал рапорт об уходе на пенсию. В созданный тогда Следственный комитет при Генпрокуратуре его не взяли, но назначили советником Генерального прокурора России Юрия Чайки (до января 2020 года). Продолжал неофициально курировать «дело ЮКОСа».

В этом статусе принимал участие в самодеятельных турнирах по мини-футболу среди прокурорских команд из Москвы и регионов. В 2019 году Каримов снялся в документальном фильме НТВ «Кровавая империя Михаила Ходорковского», где рассказывал про «воров и убийц из ЮКОСа». Что характерно: сумма «украденного» ЮКОСом (ее Каримов выводил маркером на доске) совпала с суммой, которую Гаагский суд обязал российские власти выплатить акционерам нефтяной компании за незаконную экспроприацию активов – 51 миллиардов долларов.

РУСАНОВА Татьяна Борисовна,

ближайшая помощница Салавата Каримова в том, что касается «дела ЮКОСа». Официальная должность – заместитель руководителя отдела Главного следственного управления Следственного комитета при прокуратуре. До 2007 года – следователь следственной группы Генеральной прокуратуры, управление по расследованию особо важных дел. После 2007-го – следователь следственной группы Главного следственного управления Следственного комитета при прокуратуре. В настоящее время – помощник заместителя руководителя ГСУ СК РФ. В составе следственных групп осуществляла незаконное преследование акционеров, руководителей и сотрудников НК «ЮКОС», включая Василия Алексаняна. Систематически оказывала незаконное давление на свидетелей и обвиняемых с целью вынудить их давать ложные показания. Причастна к составлению сфабрикованных обвинительных заключений и самих обвинений. При допросе тяжелобольного Алексаняна пыталась добиться от него лжесвидетельства, предлагая ту же сделку, что и ее шеф Каримов, – свободу и лечение в обмен на показания против Ходорковского и Лебедева.

Татьяна Русанова продолжает трудиться в должности следователя в Главном управлении СК. Она по-прежнему расследует дела в отношении сотрудников ЮКОСа.

ЕГОРОВ Д. А.,

следователь по особо важным делам отдела по расследованию особо важных дел следственного управления СКР. Осенью 2007 года, выполняя указания своего непосредственного начальника — следователя Татьяны Русановой, напомнил Алексаняну о ранее предложенной ему Каримовым и Русановой сделке, суть которой: он дает показания на Ходорковского и Лебедева и его отпускают из-под стражи.

Василий Алексанян – о следователе Егорове (22 января 2008 г. в Верховном суде РФ):

«Когда Европейский суд вынес свое Указание Российской Федерации – немедленно меня госпитализировать, она (*Русанова.* – **Ред.**), уезжая в командировку, передает моему адвокату через следователя Егорова, который ходит ко мне: «Предложение остается в силе». Плевать они хотели на Европейский суд! Им надо из меня показания выбить, потому что им процесс нужен постановочный».

ХАТЫПОВ Радмир Альбертович,

старший следователь по особо важным делам Генеральной прокуратуры, советник юстиции. В составе следственных групп осуществлял незаконное преследование руководителей и сотрудников НК «ЮКОС» по сфабрикованным делам. Фальсифицировал улики. 7 апреля 2006 года ходатайствовал перед Басманным районным судом Москвы о заключении Алексаняна под стражу, приводя в качестве доводов сфальсифицированные доказательства. В дальнейшем отказывал во всех ходатайствах Алексаняна и его защиты об изменении меры пресечения на более мягкую. Отказывал даже тогда, когда ему представляли заключения врачей о том, что у Алексаняна прогрессирует смертельное заболевание. Наравне с Каримовым и Русановой предлагал Алексаняну сделку – лечение в обмен на показания.

Василий Алексанян – о Радмире Хатыпове (22 января 2008 г. в Верховном суде РФ):

«... В апреле месяце [2007 г.] следователь Хатыпов – я называю фамилию, потому что эти люди когда-нибудь должны понести ответственность, – говорит моей защитнице, присутствующей здесь: «Пусть он признает вину, пусть он согласится на ускоренный порядок, и мы его выпустим». Все это время, между прочим, мне не то что лечение не назначали, меня не хотели вывозить даже на повторные анализы. Это пытки, понимаете. Пытки! Натуральные, узаконенные пытки!..»

Впоследствии Хатыпов по неизвестным причинам был уволен со службы.

АЛЫШЕВ Валерий Николаевич.

В 2011 году – руководитель первого отдела управления № 2 по расследованию особо важных дел ГСУ СК при прокуратуре РФ, в настоящее время – заместитель руководителя Главного следственного управления Следственного комитета РФ, генерал-майор – руководитель управления по расследованию особо важных дел о преступлениях против государственной власти и в сфере экономики. С 2003 года входил в следственную группу Салавата Каримова. В составе следственных групп осуществлял преследования руководителей и сотрудников НК «ЮКОС», включая Василия Алексаняна.

Фальсифицировал улики, проводил незаконные обыски, задерживал людей.

В 2014 году после еще ряда громких дел («болотное дело», «Ив-Роше», «Кировлес», дело о «краже» сторонниками Навального рисунка с забора) Алышев удостоился ордена Почета.

ЛАХТИН Валерий Алексеевич,

старший прокурор Управления по надзору за расследованием особо важных дел Генеральной прокуратуры. Являлся одним из надзирающих прокуроров за действиями следственной группы по «делу ЮКОСа». Лично 7 апреля 2006 года ходатайствовал перед Басманным районным судом г. Москвы о заключении Алексаняна под стражу. Настаивая на аресте, приводил ничем не подкрепленный набор аргументов: Алексанян может скрыться от следствия, оказать давление на свидетелей и противодействовать расследованию. Причем как надзирающий прокурор Лахтин был осведомлен: Алексанян в течение двух лет до этого всегда являлся на все допросы по «делу ЮКОСа», никуда не собирался скрываться, находился в Москве, так как буквально недавно согласился занять пост вице-президента НК «ЮКОС» с целью выведения компании из кризиса.

Требуя отправить Алексаняна в СИЗО, Лахтин В.А. назвал его, еще не осужденного ни одним судом, «преступником». Среди прочих, Лахтин В.А. привел и такие доводы о необходимости заключения исполнительного вице-президента ЮКОСа под стражу: 1) «Алексанян имеет **достаточно высокий образовательный уровень**, в составе организованной группы он длительное время и отнюдь не случайно совершал преступления, относящиеся к категории тяжких» и 2) «Состояние здоровья Алексаняна позволяет ему находиться в условиях следственного изолятора, где он может получать любую необходимую медицинскую помощь».

Лахтин В.А. как надзирающий прокурор по делу прекрасно знал о наличии смертельных заболеваний у обвиняемого (что подтверждалось медицинскими документами и заключениями), однако продолжал настаивать на содержании Алексаняна в СИЗО.

МЯСНИКОВ И. А.,

старший помощник Генерального прокурора РФ. Несмотря на смертельные заболевания Алексаняна, отказывал в удовлетворении жалоб обвиняемого на действия должностных лиц Генпрокуратуры, настаивавших на его содержании под стражей и представлявших в суды подложные справки и документы в обоснование ареста.

ВЛАСОВ Николай Васильевич,

старший прокурор отдела по поддержанию государственного обвинения управления по обеспечению участия прокуроров в рассмотрении уголовных дел Генеральной прокуратуры РФ. Будучи еще рядовым советником юстиции, добился реального приговора для заместителя начальника правового управления НК «ЮКОС» Светланы Бахминой, несмотря на наличие у той двух маленьких детей. Требовал для нее 9 лет лишения свободы. Суд приговорил ее к 7 годам за «хищение» акций «Томскнефти» (дочерней компании НК «ЮКОС») и «неуплату налогов».

Власов являлся гособвинителем по уголовному делу в отношении начальника Бахминой Василия Алексаняна. В 2008 году неоднократно настаивал как на продолжении преследования Алексаняна, так и на содержании его под стражей. При этом знал, что тот смертельно болен: у обвиняемого были обнаружены ВИЧ, туберкулез и рак лимфатических узлов, что подтверждалось представленными суду медицинскими справками и (к январю-февралю 2008 года) еще и тремя решениями Европейского суда по правам человека, обязывающими Россию срочно перевести Алексаняна в гражданский стационар. Тем не менее Власов настаивал на оставлении того под стражей. В частности, заявлял (февраль 2008 г.): «Алексаняну в спецбольнице (*СИЗО «Матросская Тишина».* – **Ред.**) предоставляется полный комплекс медицинских услуг».

Во всех предоставленных справках его состояние называется «относительно удовлетворительным». Что не соответствовало действительности. По заключению судебно-медицинской экспертизы (2006 г.), Алексанян мог содержаться под стражей при условии проведения ему высокоактивной антиретровирусной терапии. Однако на протяжении всего срока нахождения Алексаняна в СИЗО она не проводилась. Это привело к резкому ухудшению состояния здоровья.

Когда в конце 2008 года под давлением общественности Алексаняна отпустят под залог в 50 млн рублей, Власов от лица Генпрокуратуры спустя пару месяцев потребует проверить достоверность данных о состоянии здоровья подсудимого. Прокурор заявит, что располагает некими дополнительными сведениями, которые идут вразрез с поступившими в суд справками. В целях якобы проверки этих сведений Власов станет тормозить процедуру прекращения уголовного дела в отношении Алексаняна. И только в июне 2010 года Симоновский суд Москвы за истечением срока давности прекратит уголовное дело.

Исполнители второго ряда

ЛОГИНОВ В. Н.,

следователь по особо важным делам Следственного комитета. С сентября 2007 года возглавлял следственную группу по делу Алексаняна. Неоднократно отказывал своим постановлением в освобождении больного из-под стражи. Лишь в ноябре 2007 года вышел в Басманный суд г. Москвы с ходатайством об изменении меры пресечения Алексаняну с ареста на залог. Ссылался на медицинские справки Московского городского центра профилактики и борьбы со СПИДом о критическом состоянии обвиняемого. Но суд отклонил ходатайство с формулировкой: «Судья не считает, что это находится в его компетенции». Через несколько дней тот же следователь Логинов с теми же самыми документами о состоянии здоровья Алексаняна подал прямо противоположное ходатайство – о продлении тому срока содержания под стражей. Суд с постановлением согласился. В декабре 2007 года Логинов проигнорировал предписание Европейского суда о срочной госпитализации Алексаняна в гражданскую клинику. Еще несколько раз отказывал защите в освобождении их доверителя.

ДОВГИЙ Дмитрий Павлович, 1966 г. р.

Руководитель Главного следственного управления Следственного комитета при прокуратуре РФ (с сентября 2007 г. по апрель 2008 г.). Несмотря на имеющуюся у следствия информацию о том, что у Алексаняна наступил глубокий иммунодефицит и появились оппортунистические заболевания, в сентябре 2007 года Довгий сформировал следственную группу по его уголовному делу. Подписывал взаимоисключающие постановления следователя Логинова, касающиеся меры пресечения для Алексаняна на момент предварительного следствия. В конечном итоге отменил постановление Логинова об освобождении Алексаняна под залог.

В настоящее время работает адвокатом.

ШАБРОВ Д. В.,

прокурор управления по расследованию особо важных дел Генеральной прокуратуры РФ. В августе 2007 года настаивал в суде на продлении Алексаняну срока содержания под стражей.

ТАРАСОВА Галина Викторовна,

бывший прокурор управления по надзору за расследованием особо важных дел Генеральной прокуратуры РФ. В ноябре 2007 года настаивала в суде на продлении Алексаняну срока содержания под стражей.

ГАНИЕВ Фарит Глюсович, 19.01.1964 г. р.

Будучи сначала следователем управления по расследованию особо важных дел Генеральной прокуратуры, затем следователем Главного следственного управления Следственного комитета при прокуратуре РФ – в составе следственных групп осуществлял незаконное преследование по уголовным делам в отношении руководителей и сотрудников НК «ЮКОС», включая Василия Алексаняна. По данным защиты, лично фальсифицировал улики и обвинения, проводил не санкционированный судом обыск в адвокатском бюро «АЛМ Фельдманс».

В настоящее время – депутат Государственной думы РФ VII созыва, член политической партии «Единая Россия». Член комитета по безопасности и противодействию коррупции. Имеет награды: знак «Почетный сотрудник Следственного комитета Российской Федерации»; ведомственные медали: «За заслуги», «За безупречную службу» I степени, почетные грамоты Председателя Следственного комитета Российской Федерации.

ТУМАНОВ Михаил Владимирович,

старший следователь по расследованию особо важных дел Генеральной прокуратуры РФ, с 2011 года – старший следователь по особо важным делам при Председателе Следственного комитета РФ, полковник юстиции. Возглавлял расследование по делам в отношении руководителей и сотрудников НК «ЮКОС», включая Василия Алексаняна. Фальсифицировал улики, укрывал доказательства о невиновности подследственных.

КОЛОВАЙТЕС Олег Эдуардович,

старший прокурор отдела управления Генпрокуратуры РФ по надзору за расследованием уголовных дел в центральных аппаратах СК при прокуратуре РФ, СК при МВД России, ФСКН России, ФССП России, ФТС России. После ходатайства следователя Вадима Логинова об освобождении из-под стражи смертельно больного Алексаняна под залог осенью 2007 года лично составил возражения на это ходатайство. Несмотря на то что к тому моменту Европейский суд вынес свое первое постановление о срочном переводе Алексаняна в гражданский стационар ввиду наличия у того смертельных заболеваний. В своих возражениях Коловайтес ссылался исключительно на «тяжесть предъявленного обвинения», использовал шаблонные формулировки («может скрыться», «оказать давление на свидетелей» и т.д.), ничем не подкрепляя их, не рассматривал альтернативные меры пресечения.

ЛЮТОВ Е.А.,

старший прокурор отдела по надзору за расследованием особо важных дел Генеральной прокуратуры РФ. 23 августа 2006 года поддерживал в Басманном суде Москвы ходатайство следствия о продлении срока содержания под стражей Алексаняну до 2 декабря 2006 года. Факт наличия у Алексаняна на тот момент по крайней мере одного смертельного заболевания уже был известен Генпрокуратуре.

Судьи

ЕГОРОВА Ольга Александровна, 29.06.1955 г. р.

Председатель Московского городского суда (2000 – 2020). По данным защиты бывших сотрудников ЮКОСа, руководила деятельностью всех судей г. Москвы, направленной на привлечение к уголовной ответственности, заключение под стражу, одобрение незаконных следственных действий и осуждение руководителей, акционеров и сотрудников НК «ЮКОС», включая Василия Алексаняна.

ЛЕБЕДЕВ Вячеслав Михайлович, 1943 г. р.

Председатель Верховного суда РФ. Был в курсе незаконной деятельности своих непосредственных подчиненных – судей Верховного суда РФ, которые без какой-либо должной проверки, игнорируя три постановления Европейского суда по правам человека, обязавших Россию срочно перевести Алексаняна в гражданский стационар, в 2007–2008 гг. оставляли в силе решения нижестоящих инстанций (Мосгорсуда и районных судов), продлевавших тяжелобольному обвиняемому содержание под стражей.

ОРЕШКИНА Ирина Владимировна,

будучи судьей Симоновского районного суда г. Москвы, 6 апреля 2006 года вынесла постановление о наличии в действиях Алексаняна «признаков преступления», удовлетворив тем самым просьбу Генпрокуратуры. Ведомство обратилось в суд, потому что Алексанян занимался адвокатской практикой, а привлекать к ответственности адвокатов можно только с санкции суда. Двумя днями ранее, 4 апреля 2006 года, судья Орешкина по просьбе той же Генпрокуратуры санкционировала обыски в жилищах Алексаняна, хотя на тот момент у него не было даже статуса подозреваемого.

Спустя два года, 1 февраля 2008-го, судья Орешкина приняла к производству для рассмотрения по существу уголовное дело в отношении Алексаняна, назначив себя председательствующей в процессе. В тот же день своим постановлением отказалась переводить Алексаняна в гражданский стационар и оставила его в СИЗО «Матросская Тишина» – уже полуслепого, ВИЧ-положительного обвиняемого, у которого за два дня до заседания диагностировали рак лимфосистемы, а еще ранее – туберкулез и язву желудка. Проигнорировала представленные ей защитой медицинские справки о смертельных диагнозах Алексаняна, письмо начальника «Матросской Тишины» Фикрета Тагиева о необходимости перевода обвиняемого в МГЦ СПИД, либо в любой гражданский стационар, где ему немедленно должны были начать терапию, и три решения Европейского суда по правам человека. «На свободе подсудимый может повлиять на ход дела, поэтому меру пресечения суд постановил оставить без изменений», – заявила тогда Орешкина И. В.

В апреле 2012 года указом президента была назначена заместителем председателя Симоновского суда г. Москвы. С ноября 2015 года по н. в. – председатель Люблинского районного суда г. Москвы.

НЕДЕЛИНА Ольга Анатольевна,

будучи судьей Симоновского районного суда г. Москвы, продлевала Алексаняну срок содержания в СИЗО, оставляла его под стражей даже на период лечения.

В июне 2010 года, прекращая уголовное дело в отношении Алексаняна по нереабилитирующим основаниям (за истечением сроков давности), сочла недостаточным письменное согласие обвиняемого на прекращение дела и постановила, что он сам должен прибыть на заседание, притом что пребывание в общественных местах Алексаняну было противопоказано врачами. Больной был вынужден приехать на заседание. Из-за плохого состояния (все время кашлял) заявление-согласие на прекращение дела за него читал адвокат.

В июне 2011 года указом президента госпожа Неделина была назначена судьей по уголовным делам Московского городского суда. В настоящее время – председатель судебного состава в судебной коллегии по уголовным делам Мосгорсуда.

ТИТАРОВА Елена Александровна,

будучи судьей Симоновского районного суда г.Москвы, в составе судебной коллегии продлевала меру пресечения Алексаняну, оставляя его под стражей на период лечения.

ВЕРШИНИН Павел Валерьевич,

действующий судья Симоновского районного суда г.Москвы. В составе судебной коллегии продлевал меру пресечения Алексаняну, оставляя его под стражей на период лечения.

КОРНЕЕВА Татьяна Павловна, 1954 г. р.,

будучи судьей Симоновского районного суда г.Москвы, приговорила бывшего замначальника правового управления НК «ЮКОС», подчиненную Алексаняна, Светлану Бахмину к 7 годам колонии. В дальнейшем продлевала срок содержания под стражей самому Алексаняну.

В ноябре 2008 года разрешила возбудить уголовное дело в отношении адвоката Фонда Hermitage Сергея Магнитского.

Является фигурантом «списка Магнитского».

КАРПОВ Артур Геннадьевич,

действующий судья Басманного районного суда г. Москвы. Осенью 2007 года продлил Алексаняну содержание под стражей на очередные три месяца, несмотря на то что у последнего к тому моменту уже был глубокий иммунодефицит и ряд других тяжелых заболеваний. Проигнорировал жалобы обвиняемого и его защиты на состояние здоровья. При оставлении Алексаняна под стражей ссылался исключительно на «тяжесть предъявленного обвинения». Использовал шаблонные формулировки про основания содержания под стражей. При этом не объяснял, почему эти основания применимы в данном деле, и не рассматривал альтернативные меры пресечения. По словам самого Алексаняна, свое решение Карпов вынес на основе фальшивых медицинских справок врача-инфекциониста из СИЗО «Матросская Тишина» Молоковой Елены Геннадьевны.

Карпов является фигурантом «списка Магнитского».

ЯРЛЫКОВА Елена Николаевна,

бывшая судья Басманного районного суда г.Москвы. 7 апреля 2006 года выдала санкцию на арест Алексаняна, удовлетворив тем самым ходатайство Генпрокуратуры. Ссылалась на «тяжесть предъявленного обвинения». Использовала шаблонные формулировки про основания содержания под стражей. Не объясняла, почему эти основания применимы в данном деле, и не рассматривала альтернативные меры пресечения.

В настоящее время работает адвокатом.

ДУДАРЬ Наталия Николаевна,

действующая судья Басманного районного суда г.Москвы. Продлевала Алексаняну срок содержания под стражей. Ссылалась исключительно на «тяжесть предъявленного обвинения». Использовала шаблонные формулировки про основания содержания под стражей. При этом не объясняла, почему эти основания применимы в данном деле, и не рассматривала альтернативные меры пресечения.

ТРУБНИКОВ Александр Николаевич,

бывший судья Басманного районного суда г.Москвы. Продлевал Алексаняну срок содержания под стражей. Как и коллеги, ссылался исключительно на «тяжесть предъявленного обвинения». Использовал шаблонные формулировки про основания содержания под стражей. При этом не объяснял, почему эти основания применимы в данном деле, и не рассматривал альтернативные меры пресечения.

МУШНИКОВА Наталья Евгеньевна,

бывшая судья Басманного районного суда г. Москвы. В н.в. (2020) трудится в Мосгорсуде в судебной коллегии по уголовным делам. Продлевала Алексаняну срок содержания под стражей, отказывала в удовлетворении жалоб защиты на действия следствия. Ссылалась исключительно на «тяжесть предъявленного обвинения». Использовала шаблонные формулировки про основания содержания под стражей. При этом не объясняла, почему эти основания применимы в данном деле, и не рассматривала альтернативные меры пресечения.

ПИЛЬГАНОВА Вера Михайловна,

бывшая судья Басманного районного суда г.Москвы. Продлевала Алексаняну срок содержания под стражей. Ссылалась исключительно на «тяжесть предъявленного обвинения». Использовала шаблонные формулировки про основания содержания под стражей, переписанные из статей Уголовно-процессуального кодекса. При этом не объясняла, почему эти основания применимы в данном деле, и не рассматривала альтернативные меры пресечения.

ПОЛЯКОВА Лариса Федоровна,

судья Мосгорсуда. Неоднократно оставляла в силе решения Басманного суда о продлении Алексаняну срока содержания под стражей. Игнорировала справки и медицинские заключения врачей МГЦ СПИД.

СОРОКИНА Галина Владимировна,

будучи судьей Мосгорсуда, оставляла в силе решения Басманного суда о продлении Алексаняну срока содержания под стражей. Игнорировала справки и медицинские заключения врачей МГЦ СПИД.

ПАСЮНИН Юрий Анатольевич,

судья Мосгорсуда. Неоднократно оставлял в силе решения Басманного суда о продлении Алексаняну срока содержания под стражей. Игнорировал справки и медицинские заключения врачей МГЦ СПИД.

АББАЗОВ Ильшат Закфярович,

будучи судьей Мосгорсуда, оставлял в силе решения Басманного суда о продлении Алексаняну срока содержания под стражей. Игнорировал справки и медицинские заключения врачей МГЦ СПИД.

МАРКОВ Сергей Михайлович,

бывший судья Мосгорсуда. В апреле 2006 года признал законными обыски, проведенные на квартире и в загородном доме Алексаняна. В мае 2006 года признал законным постановление Басманного суда г. Москвы о наличии в действиях Алексаняна «признаков преступления», что позволило его арестовать, несмотря на статус адвоката.

РАСНОВСКИЙ Андрей Владимирович,

будучи судьей Басманного районного суда г. Москвы, в 2007 году отказал в удовлетворении ходатайства следователя Логинова об освобождении тяжелобольного Алексаняна под залог. В н. в. судья Московского городского суда.

КУЗНЕЦОВА Нина Сергеевна,

судья Мосгорсуда. Неоднократно оставляла в силе решения Басманного суда о продлении содержания под стражей Алексаняна, игнорируя медицинские заключения и справки о критическом состоянии его здоровья.

НАЙДЕНОВ Евгений Михайлович,

будучи председателем Кассационной коллегии Московского городского суда, в марте 2008 года отказался освободить Алексаняна из-под стражи. У последнего на тот момент помимо ВИЧ были диагностированы рак лимфатических узлов, язва желудка, полная потеря зрения правого глаза и туберкулез, что подтверждалось представленными суду медицинскими справками и тремя решениями Европейского суда о срочном направлении Алексаняна в гражданский стационар. Оставляя Алексаняна под стражей, Найденов ссылался исключительно на «тяжесть предъявленного обвинения» и использовал шаблонные формулировки про основания содержания под стражей. Как и остальные его коллеги, не объяснял, почему эти основания применимы в данном деле, и не рассматривал альтернативные меры пресечения.

РЫЖОВА Анастасия Васильевна,

судья Мосгорсуда. 17 мая 2007 года отказала в удовлетворении жалобы защиты на постановление о продлении Алексаняну содержания под стражей, несмотря на то что у последнего к тому моменту уже был обнаружен ВИЧ и ряд других тяжелых заболеваний. При оставлении Алексаняна под стражей ссылалась исключительно на «тяжесть предъявленного обвинения».

ФОМИН Дмитрий Анатольевич,

судья Мосгорсуда. 15 ноября 2007 года отказался отменять решение Басманного районного суда г. Москвы о продлении Алексаняну срока содержания под стражей, несмотря на то что у последнего к тому моменту уже были обнаружены ВИЧ, туберкулез и рак лимфатических узлов, что подтверждалось представленными суду медицинскими документами. В остальном сценарий тот же: при оставлении Алексаняна под стражей ссылался исключительно на «тяжесть предъявленного обвинения» и использовал шаблонные формулировки, переписанные из статей Уголовно-процессуального кодекса. Не объяснял, почему эти основания применимы в данном деле, и не рассматривал альтернативные меры пресечения.

КОЧИН Василий Васильевич,

судья Верховного суда РФ, председательствующий Судебной коллегии по уголовным делам. 14 мая 2007 года и 3 октября 2007 года отказывал в жалобах Алексаняна на постановления Мосгорсуда, неоднократно отказывавшегося отпускать его из-под стражи. 22 января 2008 года Кочин в составе судебной коллегии в третий раз отказал в жалобе Алексаняна на очередное постановление Мосгорсуда. При этом на заседании Кочину и судебной коллегии защитой и самим обвиняемым были представлены: судебно-медицинская экспертиза состояния здоровья Алексаняна, дополнительные справки, свидетельствующие о наличии у него как минимум трех смертельных заболеваний, а также три постановления Европейского суда по правам человека о необходимости экстренной госпитализации Алексаняна в гражданский стационар. Алексанян просил судей Верховного суда, включая Кочина, освободить его на лечение, которое в условиях СИЗО он получить не мог *(см. выступление Алексаняна в Верховном суде 22 января 2008 г.)*.

ШИШЛЯННИКОВ Владимир Федорович,

судья Верховного суда РФ (в августе 2014 г. ушел в отставку по собственному желанию). 13 июля 2007 года в составе судебной коллегии по уголовным делам Верховного суда отказал в жалобе Алексаняна на постановление Мосгорсуда, признавшего законным продление ему содержания под стражей. Отказал, несмотря на то что у Алексаняна к тому моменту уже был обнаружен ВИЧ в тяжелой стадии, что подтверждалось медицинскими документами.

Тюремщики

ТАГИЕВ Фикрет Гамдулла-Оглы, 1962 г. р.

С начала 2000-х по 2013 год – начальник СИЗО 77/1 («Матросская Тишина»). Совершал незаконные действия при содержании Алексаняна с 2006 по 2008 год в подведомственном ему СИЗО. По заявлению защиты Алексаняна, Тагиев как должностное лицо отказывал тому в выдаче лекарств (с аналогичной жалобой в отношении Тагиева выступал в 2005 г. содержавшийся в «Матросской Тишине» бывший руководитель международного финансового холдинга Group Menatep LTD Платон Лебедев), препятствовал лечению (подведомственные Тагиеву врачи СИЗО зачастую не приходили к Алексаняну) и ухудшал условия содержания. И только 25 января 2008 года, когда уже мировой общественности стало известно о наличии у Алексаняна нескольких смертельных заболеваний, Тагиев направил в Симоновский суд Москвы письмо с просьбой рассмотреть вопрос о направлении Алексаняна в специализированный стационар.

После перевода Алексаняна в больницу Тагиев более недели без объяснения причин не выдавал адвокатам разрешение на встречу с подзащитным.

Является фигурантом «списка Магнитского».

Весной 2013 года был уволен со своей должности. В настоящее время человек по имени Фикрет Тагиев Гамдулла-Оглы значится в Едином государственном реестре юридических лиц как индивидуальный предприниматель, занимающийся оптовой торговлей продуктами, напитками, сигаретами и розничной торговлей одеждой.

КАЛИНИН Юрий Иванович, 28.10.1946 г. р.

Во время нахождения Алексаняна в СИЗО «Матросская Тишина» исполнял обязанности директора Федеральной службы исполнения наказаний РФ (с 2004 по 2009 г.). Знал о том, что Алексаняну не оказывают помощь в тюрьме. В феврале 2008 года, после перевода Алексаняна в гражданскую клинику, сотрудники ФСИН постоянно, даже в ночные часы, держали Алексаняна прикованным за руку цепью к кровати. Все процедуры в гематологическом отделении городской больницы № 60 Алексаняну на протяжении десяти дней проводили с этой цепью на руке. УФСИН по Москве на жалобы защиты Алексаняна тогда заявляло: «Все, что связано с условиями содержания Алексаняна, в том числе в период его лечения в одной из столичных больниц, полностью соответствует требованиям действующего законодательства».

Подчиненные Калинину сотрудники ФСИН несколько дней не пропускали в больницу к Алексаняну адвокатов.

В январе 2008 года Калинин заявлял, что Алексанян «отказывается» от получения медицинской помощи в СИЗО. Однако эти слова опровергались документом – информированным согласием Алексаняна на лечение в СИЗО, дписанным им и пятью гражданскими врачами еще в июле 2007 года. Назначенной терапии обвиняемый так и не получил. Лечащий тюремный врач не была у Алексаняна с конца 2007 года.

В том же 2008 году Калинин пытался подать в суд иск о защите чести и достоинства, деловой репутации против адвоката Алексаняна Елены Львовой за «дискредитацию» ФСИН. Главу ФСИН задели высказывания адвоката, касающиеся состояния здоровья и лечения Алексаняна. «Развернута откровенная истерия, преследующая одну-единственную цель – сорвать судебный процесс, который проходит в настоящее время по делу Алексаняна», – заявлял Калинин. Также добавлял, что «в следственном изоляторе, где содержится Алексанян, есть все условия для оказания современной квалифицированной медицинской помощи, в том числе по тем заболеваниям, торыми он страдает». Это не соответствовало действительности.

После работы во ФСИН Калинин был заместителем министра юстиции РФ, членом Совета Федерации, заместителем председателя комитета Совета Федерации по правовым и судебным вопросам, а также по бюджету и финансовым рынкам. В 2012 году был назначен вице-президентом ОАО «НК «Роснефть», в 2013-м – вице-президентом по кадровым и социальным вопросам этой же компании. С февраля 2013 года – член правления. В декабре 2019 года в связи с истечением срока трудового контракта и выходом на на пенсию – стал курировать работу ветеранских организаций «Роснефти». Владеет 203916 акциями ПАО «НК «Роснефть» (0,0019% от уставного капитала компании).

МАЗУРОВ Сергей,

начальник больницы СИЗО «Матросская Тишина».

31 января 2008 года заявлял, что Алексаняну в СИЗО могут оказать квалифицированную медпомощь, что не соответствовало действительности: на протяжении всего срока нахождения Алексаняна в изоляторе ему ни разу

не проводили необходимую терапию. Это привело к резкому ухудшению состояния здоровья Алексаняна, перехода СПИДа из стадии 3 А в стадию 3 Б..

МОЛОКОВА Елена Геннадьевна,

начальник инфекционного отделения СИЗО «Матросская Тишина». Как рассказал 22 января 2008 года в Верховном суде РФ сам Алексанян, решение судьи Басманного суда Артура Карпова о продлении ему содержания под стражей было принято «на основе фальшивых медицинских справок» из изолятора 77/1 (СИЗО «Матросская Тишина»), которые выдала врач Молокова Елена Геннадьевна. При этом, будучи единственным врачом-инфекционистом в СИЗО, Молокова уходила на больничный на месяц. В течение этого месяца – с 29 декабря 2007 года по 25 января 2008 года – медицинская помощь Алексаняну не оказывалась вообще.

В настоящее время Молокова – и. о. начальника медсанчасти № 1 МСЧ-77 ФСИН.

СОДЕРЖАНИЕ

Художественное оформление: Анастасия Збуцкая
Редактор: Юрий Сафронов
Корректор: Инна Кроль